每天学点财务学

项习文 ●编著

一看就懂的财务理念
一学就通的财务攻略
一用就会的财务宝典

经济管理出版社
ECONOMY & MANAGEMENT PUBLISHING HOUSE

图书在版编目（CIP）数据

每天学点财务学/项习文编著. —北京：经济管理出版社，2011.5

ISBN 978-7-5096-1430-3

Ⅰ.①每…　Ⅱ.①项…　Ⅲ.①财务管理—通俗读物　Ⅳ.①F275-49

中国版本图书馆 CIP 数据核字（2011）第 089231 号

出版发行：**经济管理出版社**

北京市海淀区北蜂窝 8 号中雅大厦 11 层

电话：(010)51915602　　　　　邮编：100038

印刷：世界知识印刷厂　　　　　经销：新华书店

组稿编辑：勇　生　　　　责任编辑：勇　生　张瑞军

责任印制：杨国强　　　　责任校对：陈　颖

720mm×1000mm/16　　　　　16 印张　　　274 千字

2011 年 8 月第 1 版　　　　2011 年 8 月第 1 次印刷

印数：1—6000 册　　　　　　　定价：38.00 元

书号：ISBN 978-7-5096-1430-3

前　言

你是企业主吗？你是不是正在为每一季度的财务报表发愁？或是在为财务赤字而头痛？

你是股票投资者吗？有没有在每年纷至沓来的财务报表中迷失过方向？

你是白领吗？你是在为"月光"的事实迷惘吗？还是在为是储蓄或是买基金而伤透脑筋？

你是"房奴"、"车奴"或"孩奴"吗？或者正毅然决然地打算加入"房奴"、"车奴"和"孩奴"的大军？

……

不管你、我、他每年每月每天的收入是多少，管理手头的钱财是每个人都要面对的事实。经济学家说："这是一个穷人通胀、富人通缩的时代。"不论是工薪阶层还是创业者，哪怕是身价过亿元的富翁，其实都有自己需要处理的经济压力。

环视身边，我们不难发现，那些起点和资源都差不多的企业，经营一阵子以后，有的会蒸蒸日上，有的却早已日薄西山，还有的已经成为明日黄花……我们更容易看到的是，相同的工作，大家拿一样的工资和奖金，有些人能把日子过得风生水起、美满滋润；有些人月复一月地"月光"而毫无积蓄；更有甚者要靠借贷存活……同样的条件，为什么结果如此不同？

北方农家有句俗语，叫做"男人是搂钱的耙子，女人是管钱的匣子"。其实在男女分工越来越模糊的今天，经济社会中的每个人都应该既是"搂钱的耙子"，又是"管钱的匣子"。同样，对于一个企业来说，如果眼睛只盯着销售业绩，而没有财务内控的能力，那么就算盈利能力超强，也很难体现可观的利润。你不理财，财不理你！

众所周知，跟智商、情商并列的还有一个词，叫做"财商"。"财"字，左边为"贝"，右边为"才"。我们知道贝壳是最早的货币之一，而"才"包含有能力的意思，因此"财"字，本身就有"使用和管理钱及物资的能力"

的含义。

由于受计划经济的影响，在改革开放这么多年后，很多人对财务的观念还停留在记账和算账上，其实经济学家很早就指出：财务是一门艺术。现代管理学将财务管理看做企业管理的心脏，一个没有健全财务制度的企业，要想在经济规则越来越规范的今天存活下来，几乎是不可想象的。

为了让更多需要财务知识的人能尽快学到一些实用的知识，不论是作为一个会计工作者，还是作为一个企业的财务管理者，笔者都有义务也有责任为普通大众提供一本财务知识的入门读物。这必须是一本任何人都能看懂的书，不论你是不是天生具有数字能力，这本书都不会拒绝你。它能带你走进一个新的天地，了解财会的基本语言、欣赏财务的独特魅力。当你读完最后一页，你将初步具有阅读报表的能力，对自己的投资规划更清晰、对人生的理财之路更明确。如果它还能激发你继续深入学习财务学的兴趣，那将是笔者最大的欣慰！

本书共分为十二章，分别叙述"财务的重要性"、"财务的基本知识"、"会计的基本知识"、"资产"、"负债"、"股东权益"、"成本"、"利润"、"现金流"、"预算"、"综合分析"和"风险管理"的内容，起于追求财富，终于规避风险，是对财务管理的一次全面剖析。

鉴于专业的财务语言是很多人学习财务学的障碍，笔者行文力求通俗易懂、简洁明了。本书对一些比较专业的词汇和概念，尽量用通俗的语言进行阐述，或者用生动的比喻加以说明；对关系较复杂的内容，则有适当的配图帮助读者理解；而对分支比较多的内容则以表格的形式罗列，以方便阅读和记忆。所有的努力，都是为了让这本书区别于大多数财务类专业书籍，成为一本可供案头、枕上翻阅的休闲读物。让每个人既能随便翻开一页往下看，也能随时放下，开卷不仅有益，还有趣。

钱财是有灵性的。希望读者合上此书之时，每个人都成为真正的"财主"——"财"的主人！

第一章 全世界的财富究竟属于谁

——财务里的五味人生

巴菲特的主张——广大投资者如何避开地雷股

> 如何成为一个优秀投资者：读一切你能拿到的东西，使你对投资对象能有全方位的思考、不同的观点。重要的是，要想想什么是超越时间而有意义、有价值的东西。
>
> ——巴菲特

2010年9月30日，巴菲特携手比尔·盖茨在中国刮起了一场"劝捐"的热潮，人称："巴比旋风"。巴菲特投资理念和比尔·盖茨的故事早已为国人熟知。但是，"巴比"此前都是以"创富"领袖的形象现身，当"巴比"组合兑现"裸捐"之后，已从"商界"领袖变身为"慈善"领袖。这种角色转换，可谓企业家精神的嬗变，亦是美国精神的升华。这正是"巴比"慈善晚宴在撇清了"劝捐"传闻之后，依然备受瞩目的根本原因。

著名的"二八法则"告诉我们，世界是20%的人占有着80%的财富，而80%的人只能分享剩下20%的财富。这就是富人和穷人的区别。

一个人想要衣食无忧，光靠勤恳工作是不够的。这个道理也已经广为人知。事实上，各种各样的投资机会也随时随地地出现在我们身边。遗憾的是，我们发现，"二八法则"在投资领域依然适用：投资成功者和投资失败者的比例，大体也是20%和80%。

难道有什么魔咒吗？先来看看股神巴菲特的一个投资实例。

> 自 2007 年 7 月起，巴菲特接连抛售所持有的中石油股票，最先以 1690 万股的小抛量试盘，随后不断抛售，共回笼资金在 33 亿港元之上，累计获益已超 6 倍。当然，在巴菲特逐步抛出中石油股票的同时，中石油股票涨势依然喜人，仍有一些重量级的机构在大笔买入。
>
> 巴菲特在 2003 年 4 月，以约每股 1.6 港元的价格，大笔买入中石油的股份，他最终持有 11% 的股权，成为中石油的第一大流通股股东。当时，在他购买之后，中石油还曾一度跌破发行价。

当然，接下来中国股市的惨状，证明了巴菲特的远见，"股神"确实并非徒有虚名。巴菲特的理由很简单："我在抛出中石油股票时只是说，如果股票变得如此之贵，你要非常谨慎才行。"

有些人可能会把投资者的成功看做是运气或者天赋，确实很多成功的案例孤立看来，很像是一种运气或者直觉。但是你要知道，撞一次大运容易，就像彩票有头奖就总有人会中，但是撞大运能带来钱，却不一定能带来富。对 20 位中了 500 万元的幸运儿的跟踪报告表明，那些中了大奖的人最后的生活往往不如他们中奖之前。奇怪吗？其实很正常，因为钱财需要打理，投资必须规划。盲目、冲动、无计划正是投资的大敌。"投资是一项理性的工作，如果你不能理解这一点，最好别掺和。"巴菲特如此说。

众所周知，巴菲特是个财务高手，据说他的床头长年放着的书中，必然有几本是财务图书。以下是巴菲特在选股时对财务报表指标的分析内容（见表 1-1）。

表 1-1 巴菲特在选股时对财务报表指标的分析

分析指标	分析方式
毛利率	公司的毛利率是否在 40% 以上且在过去 10 年确保有"持续性"
销售费用占销售收入的比率	销售费用及一般管理费用越少越好，其占销售毛利的比例保持在 30% 以下最好
研发开支	巨额研发一旦失败，其长期经营前景将受到很大影响，并不稳定
折旧费用	具有持续性竞争优势的公司折旧费占毛利润的比例较低
利息费用	具有持续竞争优势的公司，其利息支出均小于其营业利润的 15%
税前利润	是所有费用开支扣除之后但在所得税被扣减之前的利润，用以分析投资回报率
每股收益	每股收益是否连续 10 年或者 10 年以上都表现出持续上涨态势
净利润	净利润是否一直保持在总收入的 20% 以上

也许你面对这些财务数据，还觉得非常陌生。没关系，接下来的内容中对它们都会有相关的分析。现在我们可以先从一个小问题开始，看看自己是不是理性的投资者。

假设你现在是个亿万富翁，富有到想去购买一支足球队。你有两支足球队可以选择：蓝队和红队。为了确定到底要购买哪支球队，你先看了一场他们的比赛。你发现红队队员士气很高，配合也比较默契，防守颇有章法，进攻一直非常猛烈，整场比赛都几乎压着蓝队踢，但是运气不佳，好几次射门不是踢在了门柱上，就是被门梁弹了回来。而蓝队一直没什么进攻的机会，队员之间的配合也屡屡出现失误。90分钟后，比分0：0。按规矩以点球决胜负，最后蓝队以5：4胜出。

请问，你会选择购买哪支球队呢？

□ 红队

□ 蓝队

我相信大多数人都会选择红队。因为红队的实力明显优于蓝队，选择红队是选择实力，选择蓝队则是选择运气。但是大多数时候，我们面临的投资情况，都不是像红队和蓝队的对比这么一目了然，所以这要求投资者不仅有理性的思想，还要有明辨是非的能力。"对大多数从事投资的人来讲，重要的不是知道多少，而是怎么正确地对待自己不明白的东西。"巴菲特说。

事实上，对于大多数投资者来说，投资最大的障碍，即被巴菲特称为"不明白的东西"的部分，也许就是怎样看懂那些天书一般的报表。因为在中国的现行教育中，除了政治经济学外，不是学财务专业的人很难有机会学到一点即便是最基础的财务知识。相信很多非财务专业的投资者一想到财务，就觉得那只是会计和出纳的工作。

应该说，这是由我国计划经济时代独特的经济环境决定的。据我所知，西方的财务理念已经融进了整个社会的日常活动，成为一种习惯语言和通用的思维方式。比如，在美国人的日常生活中，财务的词汇如资产、债务、利润、毛利等出现的频率很高。美联储的格林斯潘说："应该提高美国小学生和中学生的金融基础教育，达到金融扫盲，使年轻人避免做出盲目的财务决策。例如对计算复利的数字公式的理解，将会使消费者知道，某些信贷计划可能造成灾难性的后果。"

我国的投资环境也在改变。改革开放至今，越来越多的投资者意识到：不懂点财务很难做好投资，因为太多投资风险都需要一双财务的慧眼去规避，就像分辨那些通过种种财务手段把自己打造成绩优股的地雷股——数字不再只是反映现实，而是在创造现实。

"凡事都与财务有关，人类的所有关系都体现在借贷之间，整个世界就是一张硕大无比的资产负债表。"这是一个CFO的真实感受。

一般投资人也许面对财务报表有阅读障碍，但是可以从读财务报表第一页会计师总结意见开始，只要花3分钟研读一下，也许你的人生立刻由黑白变成彩色。

会计师出具的意见可分为标准的无保留意见、带强调事项段的无保留意见、保留意见、否定意见、无法表示意见五类。标准的无保留意见和带强调事项段的无保留意见最常见。这里面比较会出问题的是带强调事项段的无保留意见。例如，对于一些像海外转投资之类无法亲查的资金来源，签证会计师会以"转投资的损益"不是审查范围为理由，而权且认定海外查账结果，从而出具"带强调事项段的无保留意见"。这样做对会计师来说是撇清了灰色地带的责任，但是投资者就要擦亮眼睛了！

出具保留意见和否定意见的时候不多，但不是没有。如果看到这两类意见，就意味着股票就会被打为全额交割股或者股票要直接下市。等到这时，基本上是已经回天乏力了。

表1-2 会计师的总结意见及反映的具体信息

会计师总结意见	反映的具体信息
标准的无保留意见	基本没问题
带强调事项段的无保留意见	需要注意，最可能会有问题
保留意见	该公司股票会成为全额交割股
否定意见	股票直接下市
无法表示意见	股票直接下市

当然，投资有风险，但是认同投资的风险并不等于可以盲目蛮干，等到失败之后再用一句"反正投资就是有风险的"来为自己开脱。成熟的投资者应该是在通晓财务的基础上，稳扎稳打，对风险有足够的心理准备并且能够合理规避风险的"理性人"。

☺ **财务知识小贴士**

投资三切记：

一、要投资，先看财。控整体，分细节，有条有理保安全。

二、财务状况好，投资可趁早；财物状况差，有钱别牵挂。

三、投资有风险，入市须谨慎。知进退，识机变，分篮放蛋心了然。

优势还是劣势——企业经理人不懂财务就是劣势

> 一个企业家赚钱叫道德，企业家不赚钱就是缺德。
>
> ——英特尔前 **CEO** 格鲁夫

著名的木桶原理认为：木桶里水的储存量取决于木桶的最短板。如果把企业看做一个木桶，那么每个企业都有自己的长板和短板，也就是优势和劣势。企业的最终目的是获取利润，利润代表了企业新创造的财富，利润越多，则企业财富增加越多，越接近企业的终极目标。木桶里的水就像是企业的利润，不管企业采取的是扬长避短策略，还是取长补短策略，只要管理得好，板与板之间严丝合缝、滴水不漏，企业的利润就有保证。

要使企业的财务管理有效率，必须设置一些目标，即财务管理目标。松下幸之助说过一句话是"企业家的使命就是赚钱，如果不赚钱那就是犯罪"。钱的最终也是最直接的表现方式就是数字，而管理企业归根结底就是管理数字：企业的经营收入是数字，成本开支是数字，工资奖金是数字，合同条款是数字，资产负债是数字，绩效考核是数字……可以说，企业的每一天都是由数字组成的。

不懂财务也不懂数字的企业家难免盲目，他们无法从战略的角度上根据财务数字去分析、评估市场，理性选择投资，因此很难启动各种预案以规避潜在风险。毋庸置疑，财务知识是成功企业家和经理人必学的技能。

对广大企业来说，我国经济还处于企稳回升的时期，不确定性因素较多，市场环境要求企业家科学确定年度各项预算目标，合理配置经济资源。企业的预算编制既要防止目标过于保守，充分体现资源的高效配置要求，努力实现保增长的目标，又要充分估计各种不利因素的影响，兼顾规模、效益、质量与风险平衡。

从影响企业价值的五个因素——风险、投资回报率、股利政策、投资项目、产权结构可以看出，财务管理是企业价值经营管理中最重要的组成部分。企业的财务管理环境是从事财务管理活动中不确定因素的发生源，包括经济环境、法律环境、金融环境等，这些环境因素直接或间接地影响企业财务管理的目标。

财务目标的实现过程，一般要经历财务预测、财务决策、财务预算、财务控制和财务分析环节。其具体步骤见表1-3。

表 1-3　财务目标的实现过程

财务预测	明确预测目标； 搜集相关资料； 建立预测模型； 确定财务预测结果
财务决策	确定决策目标； 提出备选方案； 选取最佳方案
财务预算	分析财务环境，确定预算指标； 协调财务能力，综合平衡组织； 选择预算方法，编制财务预算
财务控制	制定控制标准，分解责任并落实； 实施追踪控制，及时调整误差； 分析执行情况，严格考核奖惩
财务分析	收集分析资料，掌握财务信息； 对比财务指标，揭露潜在矛盾； 分析矛盾原因，明确追究责任； 提出措施，改进工作

在商业活动中，没有什么是必然的，同样，也没有什么是不可能的。改革开放30年来，综观大多数著名企业的没落，其背后都隐藏着违背商业活动规律的问题。绝大多数的失败，仍然与财务控制有关。像在托普、顺驰这些轰轰烈烈兴起又颓然倒下的案例中，当现金流、团队及运营能力方面都无法保证常规的运作时，它们最后的倾覆变成了一个"理所当然"的结局。

我们身边不乏这样的情况，一些迅速成长的企业，不是没有市场，也不是没有客户，而是因为资金链突然断掉而破产。这是因为它们还没有确立起反映企业实际情况的经营核算系统和原则，而公司的销售额却迅速扩张，以至于失去有效控制的后果。所以，最好的与最坏的结局往往一体两面。这并不是说所有的悲剧都是必然会发生的；相反，如何尽可能地规避及战胜所有的危机，才是摆在我们面前的一个十分迫切的命题。

企业应当严格遵循实质性控制原则，将具有实质控制权的所有内部独立核算单位及境内外子企业的全部业务纳入预算编制范围。对于涉及人员及薪酬、业务、投资等预算编制内容，财务部门应做好与相关业务部门之间的沟通、协调，实现财务预算与业务预算的有效结合。反映在本套报表的各项指标应与企业内部预算衔接一致。企业的财务循环情况见图1-1。

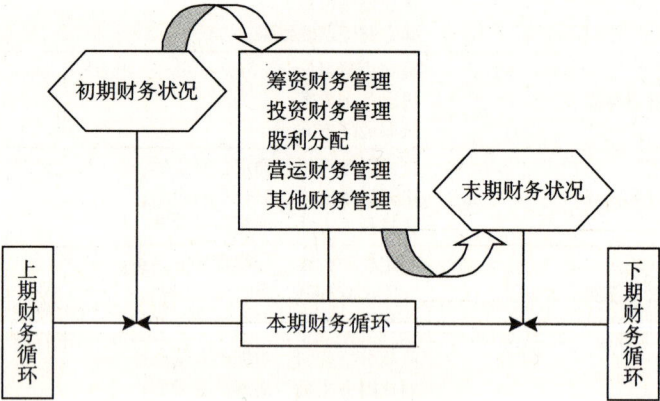

图1-1　企业财务循环图

企业应当以现金流量管理为核心，细化资金预算安排，高效配置企业财务资源。为此，应当做到：

一是要做好资金管理预案，严格控制资产和负债。为了确保企业资金的流动性和安全性，要加强信贷政策走向分析预测，尽可能多地掌握影响企业财务管理的环境因素。同时，要兼顾资金成本、收益与风险的平衡。

二是要坚持量力而行原则，谋求资金的长期动态平衡。无数企业失败的事实说明：冒进不是冒险。冒险是有规划地获取利润的方式，冒进是无目标的冲动。获利需要冒险，但是企业发展要杜绝冒进。为了坚持量力而行的原则，企业应该认真分析财务资源对发展战略规划的保障能力，做好生产经营与投融资活动的资金供给的统筹规划，合理确定现金收支预算规模。

三是要提高资金使用效率。对财务学来说，1万元流通10次和10万元流通1次的意义是完全不同的。资金支出预算要充分体现效益优先、质量优先原则，严格控制资金支出范围与结构，并通过资金集中管理、加速资金周转等手段，减少资金沉淀。

影响资金投资效益因素，可分为外部因素和内部因素。外部因素就是我们都很熟悉的市场需求、供销渠道、价格政策等，内部因素总结起来，有以下三大方面：

一是种，即不同的产品种类。俗话说，"种瓜得瓜，种豆得豆"，不同的产品品种，是效益不同的根本原因。

二是时，一方面，不同时段，不同时间点，投资收益必然不同；另一方面，投资的时机和期限也直接影响投资效益。

三是空，即空间，不同地点，不同环境，收益不同。投资者既要学会选择投资收益大的地点和环境，又可利用地点和环境之间的差别获得收益。

财务知识小贴士

成本管理五字真经：

算：科学制定预算目标，加强预算管理；

比：组织纵横对比，查找管理原因；

抠：树立过紧日子的思想，所有发生费用都有优化空间；

挖：调动全员积极性，挖掘各方面管理潜力；

堵：抓住关键节点，堵塞管理漏洞。

发现财务问题——普通员工创造更大价值的捷径

> 某企业开发新产品，决策层对此产品非常重视，在研发过程中，老总亲自参与。经过多次试制并确认无误后，投入批量生产。但是在生产过程中，生产人员以节约成本为名，有预谋地"偷工减料"。自然，产品的使用效果大打折扣。
>
> 产品投入市场后，虽然花费了巨大的人力、物力做宣传，但产品销量甚微，甚至处于滞销状态。经调查才发现，原来是产品效果得不到保障，才严重影响销售。但是产品已经批量生产了，企业只好做降价处理，以致元气大伤。

同类的事在我们身边时常发生。一个产品研发过程做得很好，在生产的时候，因为生产者缺乏责任心、缺乏必要的成本意识和财务常识，让原本就有很多变数的质量更是无法保障，以至于浪费资源，甚至促成品牌"猝死"。其实，很多企业寿命很短，不是死于产品研发和销售策略，而是死于企业的"财务问题"。

企业管理要求管理者要熟悉财务已经是常识了，但是要求普通员工具有财务意识还不多见。现在很多企业都有一个误区，认为成本管理就是成本控制部门的事，认为财务管理就是财务经理和出纳、会计的事，而忽略了对一个企业或者组织来说，管理不是割裂的部门，而是相互交织的网状结构。

在成本管理中，有个最基本也是最难做到的原则，就是全员参与。财务管理被称为现代企业管理的心脏，资金被看成是企业的血液。只要想想血管的样子，就不难理解为什么财务管理是跟每一个人相关的事。血管有主动脉、次动脉，还有无数的毛细血管。毛细血管非常微小，但是作用不可忽视。一个人体如果毛细血管出现问题，比如血流不畅、过度扩张或破裂，都会给生活带来很大的不方便，严重的还会引起相关病变。

对企业来说，每个员工就好像一处毛细血管，要让企业这架大机器良好运作，只保证大血管血流通畅，这是不够的，还要注意小血管、毛细血管等的健康。"千里之堤，溃于蚁穴"的古语，绝对不是危言耸听。

没有财务意识和知识的企业是危险的企业；没有财务意识和常识的团队是很容易猝死的团队。抓财务问题不等于砍掉成本，抓财务问题就是加强学习，把财务知识作为企业员工进入企业的常规培训科目。通过学习培训，让企业任何时候都处于理智、清醒的状态，这才是使企业的竞争更加有力的保障。

现实问题是：很多经营者自身就没有财务意识，支收的概念相当淡泊，这样的企业如履薄冰。然而这仅是冰山一角，大多数企、事业单位的职员、公务员基本没有什么财务知识。所以经常会出现企业重大的失误和浪费。

著名的沃尔玛管理是让普通员工创造最大价值的典型案例。沃尔玛非常愿意让所有员工共同掌握公司的业务指标，每一件有关公司的事都可以公开。任何一家分店，都会公布该店的财务情况，包括利润、进货、销售和减价的情况。这些信息不单单是向经理及其助理公布，而且是向每个员工公布，包括计时工和兼职雇员，让他们觉得自己得到了公司的尊重和信任，以鼓励他们创造更多的效益。

沃尔玛认为员工了解其业务的进展情况和公司的财务资讯，是让员工最大限度地干好其本职工作的重要途径，它会使员工产生责任感和参与感，意识到自己的工作在公司的重要性。沃尔玛还对有效控制损耗的分店进行奖励，使得沃尔玛的损耗率降至零售业平均水平的一半。

古语说得好，"众人拾柴火焰高"。如果能发动全员，树立财务意识，学习财务常识，把财务指标分级后落实到每个具体的个人，让明显的和细微的浪费都从我们身边消失掉，那么这样的企业该是多么有活力的一个组织！

为了调动和组织企业内部全体员工的积极性，把问题转化为生产力，可以通过建立经济责任制，把企业的专业成本控制工作和普遍性的成本控制工作结合起来，上下联系，明确每个员工、每个部门在成本控制中的职责。同时，对于企业各项费用定额、费用开支标准、成本目标和降低成本的措施，应广泛发动全体员工讨论。一方面，作为具体操作的实施者，员工能从另一个角度发现问题、提出问题；另一方面，使财务工作成为全体员工自己的工作职责，更有利于企业管理工作的落实。

财务知识小贴士

财务部门"三不"精神：

一、不丢资金，财务处和总会计师要切实把资金看好。

二、不砸牌子，无论是外闯市场还是日常管理，都不能给企业造成负面影响。

三、不出差错，把账算明白，把数搞清楚，把问题搞准确，把实际情况吃透，不断规范企业行为。

财富并不遥远——平民百姓做好投资
理财的财务学

> 投资如同打仗一样，先要做足功课，看准大趋势，并制定战略，将技术分析和基础分析充分运用，再配合眼前形势，严守纪律，临危不惧，方能胜出。
>
> ——曹仁超

个人理财学中有个"4321"理论。即收入的40%用于贷款还贷以及储蓄；30%用于家庭的日常开销；20%用于投资；10%购买保险。这样区分比例的原因见表1-4。

表1-4　区分个人理财不同比例的原因

理财比例	原因和作用
40%用于贷款还贷以及储蓄	防止收入突然中断或支出突然暴增时，个人家庭陷入财务困境
30%用于家庭的日常开销	合理的花销既能满足基本生活需要，又能处好亲朋好友间的正常交往
20%用于投资	只有投资才能让家庭的资产不断增加
10%用于购买保险	保险不能阻止风险发生，但是当不幸发生后，保险能够给予一定的经济补偿。如果不发生风险，那么也是盈利的一种方式

现在投资的方式很多，股票、基金、藏品、黄金、地产等，不一而足。个人财务策划包括消费、收入与财产分析、保险保障、投资目标、退休计划、员工福利、税务策划及房地产策划等。其目的是：服务客户生活理财、建立与维系客户关系、分析客户资产状况、提供专业理财建议、执行理财计划和监控理财计划实施。

如果把投资比喻为操纵飞机，会计资料就相当于飞机驾驶舱仪表上的数字。仪表必须把每时每刻变化的飞机高度、速度、姿态、方向全部正确及时地告诉机长——投资者。没有仪表，就不知道飞机所在的位置，就不能正确操纵飞机。同样，不懂财务数据，就不能成为真正的投资者。

投资就像操纵飞机，会计资料就相当于飞机驾驶舱仪表上的数字！

图1-2　投资和会计资料的关系

对于投资者来说，不论选择何种投资方式，最应该记住的一个原则就是：光投资不储蓄，或者光储蓄不投资，都不是贤者所为。只有投资和储蓄高效并行，才能获得连带效果。

理财投资的最大误区是举棋不定。本来，理财投资就是对未来的选择，天生具有不确定性。投资者最需要规避的就是"布里丹效应"——不要像那头在两堆草料间来回奔跑的驴子那样，既没吃到草，还浪费了时间和精力。

要避免布里丹难题，一定要有明确的财务意向，理财投资也应该有可量化的财务目标和预算。对投资对象进行轻重缓急的排序后，根据标准，就不难理清思路。

同时，还要有长远的眼光，选择适合自己能力圈的投资方式。能力圈理论是巴菲特提出来的，他认为，投资者在投资时确定自己的能力圈边界范围在哪里非常重要。"如果你知道了能力圈的边界所在，你将比那些能力圈虽然比你大5倍却不知道边界所在的人要富有得多。"其实，我们中国有一句更直接的流传更广的话叫做"知己知彼，百战不殆"。

☺ **财务知识小贴士**

投资理财的三个基本原则：

一、踏实。考虑三个指标：稳健性、回报率和周转率。

二、养成节俭的习惯。一块钱也许微不足道，但却是财富的种子。

三、保持清醒和理智，不盲目，不冲动。可借用外脑、机制和经验作为理智的保障。

第二章　钱是不是越多越好

——知道什么是财务

盈利的秘密——什么是企业财务

　　最低的普通利润率，除了足够补偿投资容易遇到的意外损失以外，还须有剩余。只有这一剩余才是纯利润或净利润。普通所谓总利润，除了包含这种剩余以外，还包含为补偿意外损失而保留的部分。

——亚当·斯密

　　在美国的资本市场上流传着这么一个经典的故事：50年前，有两家餐厅同时开始筹集资金，准备拓展业务。当时甲餐厅占地面积比较大，投资300万美元，它有优秀的厨师，菜品的水平也比较高，所以上座率很可观。其财务结果也十分出色，每年的净现金流（即利润中间的现金部分）有150万美元，投资回报率达到50%。

　　相比之下，乙餐厅规模就小得多了，人员的素质不如甲餐厅，菜品也很一般。所以乙餐厅的利润也小得多——每年的净现金流只有15万美元左右，投资回报率15%。

　　好，现在在假设您手头上有50万美元，有这么两家餐厅来找您投资，您会把钱投到哪一家？

　　这个事例之所以广为流传，就是因为这两家餐厅不论从哪个方面来考虑，甲餐厅都是投资的好对象。恰巧，确实也有两位投资者分别投资了甲乙两餐厅，而结果却让人大跌眼镜。

　　50年后，当年投入甲餐厅的50万美元收回来了250万美元；投入乙餐厅的50万美元收回来的却高达5000万美元！

　　差异为什么这么大？！

　　古人云："凡事预则立，不预则废。"企业在运营过程中，如果不注重财务规划，做好财务管理，其结果轻则浪费股东的资本，重则将给企业带来灭顶之灾。据说，一个经验丰富的审计师，只要看一眼企业的财务报表做得"漂亮不漂亮"，就可以判断这个企业的盈利情况以及管理水平。

　　企业财务是什么？在商品经济条件下，企业财务主要是指与企业生产经营资金有关的事务，即对生产经营资金的筹集、使用和分配方面的活动。

　　企业经营什么、如何经营，只是一种形式，盈利才是根本目的。企业财务管理可以对业务形式进行取舍和选择，放弃预计不盈利业务而选择预计可盈利的业务，从而使企业实现盈利，并使企业得以持续发展。

　　企业存在的目的就是使股东利益最大化。最能衡量股东利益的标准是股东权益报酬率。众多的统计数据都表明，在危及企业生存和发展的诸多原因中，由于资金周转不畅，导致财务状况恶化，进而引发财务危机，最终导致企业走向破产的情况，在企业失败的诸多原因中高居榜首。这也说明企业财务管理在整个管理中的核心地位。

　　其实，在中国古代，财务管理学很早就同政治学、社会学联系在一起。在《战国策·秦策》里，留下了吕不韦与父亲谈话的片段。大意是这样的：

　　吕不韦恭敬地向父亲问道："投资农业，耕种收获，一般会获得几倍的利润？"父亲答道："十倍。"吕不韦又问道："投资商业，买卖珠宝，最多能获得几倍的利润？"父亲答道："一百倍。"吕不韦再问道："经营政治，拥立国君，又能获得几倍利润？"

　　吕不韦的父亲又是如何回答这个问题的呢？只有两个字："无数。"

　　对于一位商人来说，这个投资计划有点儿异想天开，但这正是从商者利益算计的高明之处。正如对话中所表露的，吕不韦这样做的基本动机，仍然在于利润。另一位历史上的著名商人——陶朱公（商圣范蠡），则是追求利润最大化的另一个例子。他留下的《经商十八忌》中列举的"生意要勤快，切勿懒惰；价格要定明，切勿含糊；费用要节俭，切勿奢华……"等经商理论，至今仍不过时。

2000 多年后，清代的私营商铺中，负责财务的人——当时俗称"掌柜"，他的职责是"上奉业主使命，下管全店收支，对内有监督保管之权，对外有制约营业之职能，具左右逢源，上沟下通之管理机能"。一句话，负责财务的人是全店的领导核心。

在西方，财务最初是作为经济学的应用学科出现的，属于微观经济学的范畴。它研究市场的供求平衡，研究成本和回报，还有社会上的各种经济现象。

据说，麦当劳的成功之处其实首先在于它寻找到了迅速盈利的秘密武器——通过财务管理技术，找出那些能为企业持续盈利的关键因素，其次对现有资源进行优化配置，比如简化产品、规范流程，避免对特殊资源和外部条件的依赖等，最后形成了自己的发展模型。然后它不断复制这个模型，最终把一个不起眼的小餐厅做了巨型跨国公司，年盈利 20 亿美元。

相比麦当劳、肯德基等企业，我国的连锁企业总是难以真正做到遍地开花，很大一个原因是，没有形成一个合理的财务配置流程，以至于在复制的过程中，误差太大，最终导致模型走形而以失败告终。

让我们回到开头的例子，两家起点不同的企业，为什么到最后盈利却截然相反呢？通过财务管理的理论很容易明白：财务管理不是让你在单位时间内赚多少钱，其管理的精髓是让企业持续不断地赚钱！

传统商业思维是企业必须保持充裕的营运资金，因此要求流动比率起码在 1.5~2。然而，沃尔玛和戴尔却告诉我们，他们能以"负"的营运资金有效地推动如此庞大的企业体。

苹果电脑的首席执行官乔布斯（Steve Jobs）曾说："苹果和戴尔是个人电脑产业中少数能赚钱的公司。戴尔能赚钱是向沃尔玛看齐，苹果能赚钱则是靠着创新。"乔布斯的评论极有见地，虽然戴尔电脑属于科技产业，它的营运模式却类似通路业者，因此戴尔与沃尔玛流动比率的变化

趋势十分相似。戴尔向来以严格控制存货数量著称业界，它的平均付款时间由 2000 年的 58 天，延长到 2005 年的 73 天，和沃尔玛一样符合"快快收钱，慢慢付款"的模式，所以也造成流动比率逐年下降的现象。例如，戴尔 2000~2006 年流动比率维持在 0.98~1.4。对比之下，自 1990~2006 年，惠普的流动比率则一直维持在 1.38~1.60，在一般传统财务分析所认为的合理范围内。

很多管理者一提到财务就头疼，觉得跟那些数据和报表没有共同语言，非常难以交流。其实公司的财务管理说到底极其简单，是我们把它想复杂了。总的来说，财务管理和其他管理工作相比，是一种价值形式的综合性管理。在经济发达的国家，"企业管理以财务管理为中心"是早已得到共识的理论，而在我国，由于受到计划经济体制的影响和旧观念的束缚，长期没有被人们所认可。

现在，越来越多的人开始认识到财务管理在企业管理中的计划、控制、监督等作用。随着市场经济作用越来越大，财务管理在企业管理工作中所处的地位也越来越突出。企业本身的性质、企业在市场经济体制中的作用以及企业财务管理和其他管理的关系，都决定了财务管理在企业各项管理中必须居于中心地位。

财务知识小贴士

麦肯锡认为中国企业需要加强五大能力建设：
第一，卓越的财务能力。
第二，强大的运营能力。
第三，出色的营销能力。
第四，杰出的战略能力。
第五，优秀的人才吸引和培养能力。
而卓越的财务能力特指透明的财务和会计制度、预算流程、财务分析、资本筹集和优化以及轻资产战略。

未雨绸缪——形成基本财务观念

> 看不懂财务方面的文字表述，或读不懂数字的含义，是许多问题发生的根本原因。
>
> ——罗伯特·T.清崎

《富爸爸　穷爸爸》的作者罗伯特·T.清崎说："看不懂财务方面的文字表述，或读不懂数字的含义，是许多问题发生的根本原因。"这个问题，一般人能想到的是不能盈利或者企业亏损，然而当它严重的时候，它甚至会影响人的家庭幸福乃至人生道路。

你也许会问，"有那么严重吗？"我先来讲一件亲身经历的事情。

我有一位浙江籍的朋友，夫妻俩在当地开着一间不大不小的布艺公司，具体是什么公司我就不点名了。由于他夫人的业务能力非常强，所以生意一直很红火。当时上海不少星级宾馆的床上用品都是由他们公司提供的，公司的利润自然也非常可观。

但是有一天，我们几个老朋友难得在浙江聚会，丈夫居然哭丧着一张脸过来参加。一问之下，原来是到了应付下面厂家货款的时候，夫妻俩发现账面上现金不足。于是他们就花了几天核实账目。不算不知道，一算吓一跳。半年内公司亏空竟达 500 万元之多。最糟糕的是，由于他们一直没有财务管理的概念，根本无法追究亏掉的钱的去向。

夫人因此就有了很多猜忌。在两人大吵一架后，她一气之下，就拿上绿卡直飞美国散心去了。老客户来了，只认夫人，丈夫谈不成新生意。这边债主催着要钱，那边新订单又一个接一个地"黄掉"，妻子还杳无音信，难怪我这位朋友食不知味。

在进一步了解情况后我发现，这个注册资金上千万元的公司既没有财务预算，也没有资金规划，甚至连出货入货的流水台账都没有！于是，我忍不住说："人家卖早点的小本经营，还有本流水账呢！你们也太大意了。"我朋友说："会计做账不就是应付工商税务吗？我们自己从来不看，也看不懂。"

我想到在辽宁大学学会计的时候，教授说："对于商业活动而言，国际通用的商业语言是财务语言。"然而，现实中，这种通用的语言并不能真的"通用"。很多人不明白利润为什么是"算"出来的，资产和负债又有什么区别，以及怎样利用时间价值判断投资回报。专业的财务词汇，像老中医笔下的药方，我们对它"只识其面，不解其意"。这种隔阂，阻碍了多少人了解财务的兴趣。

据说，有人专门编过财务词汇的词典，竟有数千条之多。背过 GRE 词汇的人都知道，GRE 考试涉及的词汇，很多都是日常生活中永远也用不到的。所以 GRE 被国人戏称为 "God Read English"（上帝说的英语）。而财务词汇也有类似的特点。有时候看着这些拗口的词汇，会让人觉得，它们是否是为了保护财务人员的职业安全有意安排的。就像很多企业都会在财务室的门口挂一个牌子："财务重地，闲人勿入"，后面是冷冰冰的防盗门。

财务一词，在英文中对应的单词是 "Finance"。根据西方国家的观念，"Finance" 包括三个分支：国家财政、公司财务和金融。一般认为，企业财务活动是企业能否进行生产经营活动的首要前提。为了使企业财务活动能围绕企业的经营目标有效地进行，就需要对财务活动进行科学的管理。

要想对财务活动进行科学的管理，首先必须要了解基础的财务概念，形成基本的财务观念。其实，财务的所有词汇，归纳起来也就只有七个基础概念：资产、负债、权益、收入、费用、利润以及金钱的时间价值。而这些概念再提炼一下，其实就只剩下两个概念：一个是资产；另一个是时间价值。

图 2-1 最基本的财务概念其实只有两个：一个是资产；另一个是时间价值

对于财务报告来说，资产是重中之重，是核心中的核心。因为其他五个概念都是围绕资产运作的。

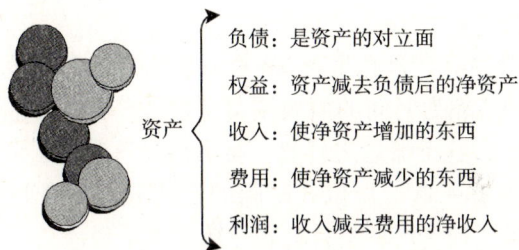

资产 ⎱ 负债：是资产的对立面
权益：资产减去负债后的净资产
收入：使净资产增加的东西
费用：使净资产减少的东西
利润：收入减去费用的净收入

图 2-2 资产是财务报告的核心

资产是什么？其实，对资产的定义，也不是一成不变的。我们来看"资产"一词的定义在我国的转变。1992 年，我国对资产的定义是："资产是企业拥有或者控制的能以货币计量的经济资源，包括各种财产、债权和其他权力。"这个定义在国内的教科书上一直这么写，学生也这么背，考试也这么考。但是，到了 2000 年，资产的定义被修改为："资产是指过去的交易事项形成并由企业拥有或者控制的资源，该资源预计会给企业带来经济利益。"

有什么不一样吗？通过比较我们可以发现，1992 年的资产定义，把只要是企业拥有的资源都算作资产，并不考虑那些资源是否能够为未来带来什么好处，而 2000 年的新定义相对靠近了西方通用的资产定义。

为了说明这个区别，我们来假设一个案例：

> 某国企有 3000 件已经无法销售的存货，每件售价是 2 元人民币；同时还有 20 万元应收账款，但是由于事主携款潜逃，已经不可能收回；并且还有价值 10 万元的设备，应该淘汰但还没有淘汰，也没有参加生产活动。
>
> 你觉得，在财务管理中，2000 年之前，这三笔款项哪几个会算作资产？2000 年之后，哪几个又会被算作资产？

答案是：在 2000 年之前，这总共价值 306000 元的存贷、应收账款、设备是全部算做资产的，因为根据国家的宏观经济形势，允许国有企业把还没有处理的财产损失和长期待摊费用等仍然作为资产挂在资产账上，像已经收不回的应收账款或者已经无法销售的存货或者那些太过落后早该淘汰的设备等，哪怕这些劣质资产已经不能为企业带来任何未来的利益。而在 2000 年之后，这笔钱算作费用，用来减除利润。

你算对了吗？

即便是改正后的资产概念里，"该资源预计会给企业带来经济利益"的"预计"两个字，已经为时间的假设预留了极大的人为预测和判断的空间。可见，从有"资产"这个概念之日起，就不纯粹只是为了记录历史，而是始终与未来紧密联系在一起。所以，时间的价值成了投资和融资的核心关键词——正是时间价值使传统的会计记账，转变成了现代意义上的财务管理。

看到这里，也许你还在为我开头提到的那位朋友担心。事实上，问题并没有持续多久，因为很少有女人能够毅然抛下自己辛苦经营的事业和家庭。他的夫人还没有走完全球旅游的第二个国家，就改主意转机飞回了浙江。而夫妻重逢后的第一个决策，就是我朋友第二天去报名参加了一个企业财务入门补习班。一场风波以此收场，不失为良好结局，更是美好开端。

☺　**财务知识小贴士**

资产的定义与规定：

资产：是指过去的交易、事项形成并由企业拥有或控制的资源，该资源预期会给企业带来经济利益。

2000 年后我国对资产的特别规定："企业持有的各项不符合资产定义的资产，或者持有的虽然符合资产定义，但不可计量的各项资产，不能确认为企业的资产。"

利益的拼盘——认识财务管理体系

> 市场经济的基础是信用文化，一个没有信用文化的国家怎么能够建立市场经济？
>
> ——朱镕基

国务院前总理朱镕基先生施政风格清廉刚直，广为人所钦佩。在任总理期间，为了刹住行贿的歪风邪气，他曾为自己约法三章——"不题词，不剪彩，不受礼"。

但在2001年4月16日，朱镕基破了戒。当时他视察上海国家会计学院，当场为该校题写"不做假账"四字，作为校训。而同年10月29日，他在视察北京国家会计学院之后，又破例题字，进一步诠释他的理念——"诚信为本，操守为重，遵行准则，不做假账"。这说明他对维持财务报表诚信的高度重视。

财务是一种特殊的理财活动，完整的企业财务管理体系包括财务会计人员、财务会计机构、财务管理制度和企业的会计政策四个方面。

表2-1　企业财务管理体系

财务管理体系分类	具体内容
财务会计人员	主要包括总会计师、财务总监、财务经理、出纳、会计、财务分析人员以及内部审计人员
财务会计机构	主要是指企业财务会计的岗位职责和部门设置。例如总会计师室、财务部、会计科、审计处等
财务管理制度	主要包括业务运转程序、内部控制系统等全面管理体系
企业的会计政策	主要包括企业的成本核算、计价、设备折旧、费用标准、企业关联交易、纳税筹划等

在市场经济环境下，社会价值链遵循"财务控制→价值配置→销售实现→市场配置"这一周期性规律。企业多元化经营的财务体系就是这一规律的具体体现（见图 2-3）。

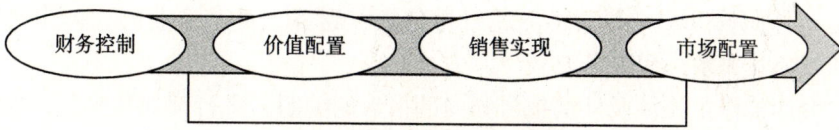

图 2-3　社会价值链周期规律

企业财务可以概括为企业资金运动及所体现的经济关系的总和。具体表现如图 2-4 所示。

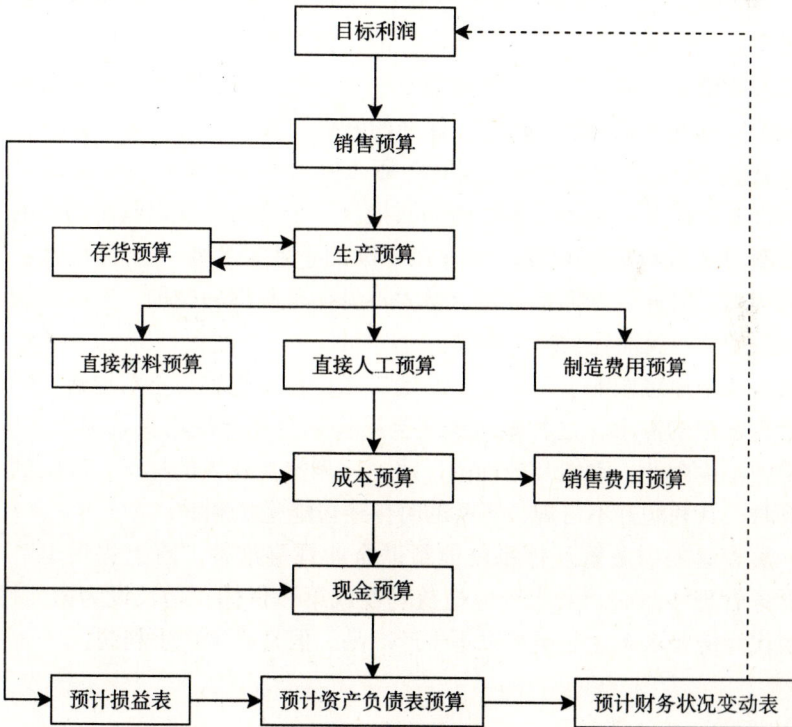

图 2-4　企业财务

在我国，现在很多人不加区分地使用财务与会计。实际上，二者是有较大差别的工作。

在西方国家，小型企业由于筹资及对外投资等"纯"财务事务很少，往往将财务与会计工作合二为一；在大型企业，其财务副总经理下设置财长 (Treasurer) 和总会计师 (Controller)，分别负责抓财务工作和会计工作。

从西方财务工作的内容看，其主要涉及现实的货币资金的收支管理，体现了"外向性"和"货币性"的双重特征，财务人员是企业的"外当家"，主抓"公共关系"和现金流。

会计工作主要涉及外部报告和内部报告的编制，进行计划和控制，提供经济评价，设计制度保护资产的安全、完整，办理纳税申报事项等。可见，会计是一个企业的"内当家"。

如果你是 CEO，通俗点说，CFO 就是你的总参谋长。你在指挥舰队穿越波涛汹涌的大海，要把企业带上市、做成行业领袖。你的 CFO 需要帮你准备好"航海图"：预测市场、分析现状、融资上市……CFO 能随时提供你做决定所需要的数据，给你创意和建设性的建议。而会计则是个大管家。他帮你管账、省税、入账出账、把账簿做平……一般来说，如果你有个富有创意性的 CFO，那你一定得找个严格、保守的好会计。

迈克尔·波特是研究战略管理的大师，他为中国企业设计的战略是：中国公司首要的任务，是要了解投资的回报。一个公司必须以营利为目的，然后在此基础上进行财务管理。而现在中国的企业都在走一个盲目做大的误区。其实对于财务管理体系来说，做大不见得是利润的增加，有时候因为管理成本的增加，反而还会减少利润。

因为如果你想做的事情只是不断地扩张，你就很容易不断地通过降价来满足所有客户的需求，这种做法最终会损害到企业的战略决策和经营模式。所以中国不少企业，动辄几公顷的厂房，一副家大业大的样子，其实到了年底核算时，其利润并不可观，不幸的时候还可能是负利润。

一套完善的财务管理体系就能帮助企业规避这种"看上去很美"的误区。财务管理体系必须要求企业把盈利设成第一目标，增长设为第二目标，因为现代经济要求企业甚至可以不生产产品，但是必须产生利润。

财务知识小贴士

CFO：

CFO（Chief Financial Officer）即公司首席财政官或财务总监——"经济财富的创造者，资本运作的高手"。CFO掌握着企业的神经系统（财务信息）和血液系统（现金资源），是其灵魂人物。

你清楚吗——看懂财务管理

> 钱之为体，有乾坤之象。内则其方，外则其圆。其积如山，其流如川。动静有时，行藏有节。市井便易，不患耗折，唯折象寿，不匮象道。故能长久，为世神宝。
>
> ——鲁褒《钱神论》

在北京后海边上，很多胡同里都住着不少"大师"。他们大多有一间或大或小的铺面，门口是红红绿绿的灯箱，闪烁着诸如"取名"、"择日"之类的字样。不论是大铺面还是小摊位，也不论你是去取名还是去问命，"大师"们的套路都差不多。他们首先会通过分析以前的生活经历在你身上留下的烙印——这很容易在你的言行举止中"算"出来，告诉你过去的情况，一般是八九不离十。然后基于命主过去的经历，加上"大师"自己的人生经验和一些主观愿望，他再告诉你将来会怎样。这种结果不能完全说是空穴来风，但是也绝对不会是"铁口神算"。当然，出现落差的话，一般人也不会特别较真。毕竟，预测是预测，生活是生活。

其实，这种预测未来的方法，也是很多管理人员做财务预算时的习惯。我们都知道，数字本身是没有感情的，但是每一个数字背后的故事，并不见得也是冷冰冰的。利润的数据在人们手上的计算器里不断跳跃着，时刻发生着质和量的变化。财务管理实际上是对数字背后的事实的管理，所谓的财务管理能力就是从枯燥的财务数字中，读出非数字信息的敏感力。

在大多数情况下，我们熟悉并且习惯使用的，是线性的思维推理方式。我们根据过去推导未来，从已知推导未知。当事物是平缓而有规律地发展的时候，这种思维方式大致成立。但是当事物发生突变时，即事物非线性地发展的时候，就要求管理者抛弃简单的线性预测方法，让事物按照自身的规律自然地发展，这样才不至于犯致命性的错误。

与自然活动相比，商业活动因为有人的参与，便带上了许多人的情感和主观的思想。所以难怪有人说，财务数字"汇集成的是一部有血有肉充满喜怒哀乐的纪录影片"。但是财务报告依然是理智而严谨的，它的准确性在于应用了一系列数字处理的程序，比如收入原则、配比原则、客观性原则以及一般会计原则等。

1494 年，会计学之父卢卡·帕乔利在威尼斯出版了会计学的鼻祖之作《算术、几何、比与比例概要》，系统地介绍了"威尼斯会计方法"，也就是所谓的"复式会计"。帕乔利所提倡的会计方法，可以把复杂的经济活动及企业竞争的结果，转换成以货币为表达单位的会计数字，以便商人能够一眼就看清企业的财务状况，后人称之为："帕乔利密码"。

卢卡·帕乔利也许没有想到，因为这些密码拥有极强的压缩威力，所以500 多年以来，世界各国不断更迭的各种会计理论和流派，竟不约而同地痴迷于他所倡导的复式会计体系。即使像微软、戴尔这样的大公司，它们在市场竞争中所创造或亏损的财富，都能通过薄薄的几张财务报表体现得明明白白。

不过，报告毕竟是个静态的形式，而商业活动则无时不处在动态之中，所以，在制订未来的预算和计划时，往往会产生一些不同程度的扭曲，这在财务管理中并不奇怪。比如，按照一般会计原则，对于没有完全确定将会发生的收入，不可以记入账内，但是对于很有可能发生的费用，则必须预提。2007 年我国新会计准则取消预提费用后，原预提费用计入"其他应付"项目进行结算。

现在都提倡商业管理是科学与艺术的结合体，要求既要有科学的准确性，又要有艺术的创造性。而管理中的财务管理，则更像是戴着镣铐的舞蹈，它要求舞者和观众能理解并欣赏它独特的美。

美的反面，就是丑。不需要太多财务知识也能发现，一个真正赚钱的企业和打着赚钱招牌的企业，在财务活动上是有区别的。比如，前者要么会用高的分红率向股东分派现金股利，要么会采取股票回购的方式回报股东。而后者往往采用送红股等方式，企图"糊弄"股东或以"不分配"的办法来"搪塞"股东。

2001 年，美国发生了"安然（Enron）案"，由于财务造假，安然的总市值由 2000 年的 700 亿美元，在短短一年间变成只剩下 2 亿美元，减少了 99.7% 以上。最终，安然于 2002 年 1 月 15 日下市，成为当年最大的丑闻。

因最早全力放空安然而声名大噪的分析师查诺斯（James Chanos），在为"安然案"作证时，说了一段颇令人深思的话："过去 10 年来，没有一件大规模的企业舞弊案，是证券公司分析师或会计师发现的。几乎每一件财务舞弊案都是被做空的投资机构或是公正的财经专栏作家所揪出来的！"

"安然案"之所以震撼，很大程度上在于它的财务造假。据说安然公司出事之前，安然的 CEO 要求他的 CFO："要像兑果汁一样处理利润额，这样我们就可以报想报的数字。"结果安然出事了，它的 CEO 和 CFO 都因财务欺诈的指控被送进了监狱。

查诺斯用自己的行动告诉我们，其实人们可以把报表中的"帕乔利密码"当成是企业财务管理的"显微镜"，在投资决策时做到"见人所不能见"，协助企业改善管理活动；也可以把它当成是"望远镜"，协助企业形成长期的战略决策。

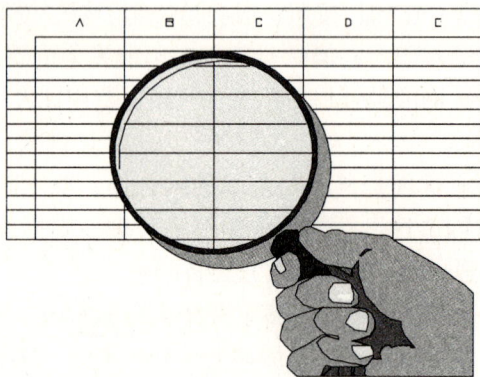

图 2-5　读懂"帕乔利密码"

我们总是把市场比作海洋，把企业比作船，船跟海洋的关系是什么呢？也许就像《威尼斯商人》中的夏洛克说的那样："可是船不过是几块木板钉起来的东西，水手也不过是些血肉之躯。岸上有旱老鼠，水里也有水老鼠；有陆地的强盗，也有海上的强盗，还有风波礁石各种危险……"

从文学评论的角度，银行家夏洛克是被嘲弄的对象，他自私、冷酷、不可爱，像财务部门口的防盗栅栏一样，拒人于千里之外。但是，从一个从商者的财务眼光出发，我们不得不承认，作为投资者，他对市场的定位非常准确。

在夏洛克眼里，所谓的资产都充满了风险。众所周知，夏洛克的要求是，如果不能按期偿还，他要割下一磅肉。这项条件看起来十分残酷，但是我们面对的市场可能比夏洛克更残酷。每当企业传出可能有财务危机的时候，不论是否属实，它对这个公司的影响绝对不亚于在海面上碰到一场飓风。

一个好的管理者应该学会结合自己的实践经验和在商业活动中培养出来的商业直觉，分析财务报告背后的故事，这样才不至于被单纯的数字误导，以避免做出不适宜的判断和决策。财务的数字可能是死的，但是财务的管理和对财务管理的认识是活的。对精于分析财务的智者来说，财务报表上的每个"帕乔利密码"，都是竞争与管理活动所留下的证据；反之，那些枯燥而繁琐的数字，就会成为重重叠叠的障碍。

财务知识小贴士

复式记账法（借贷记账法）：

借，表示资产增加或负债及所有者权益减少。

贷，表示资产减少或负债及所有者权益增加。

有借必有贷，借贷必相等。借贷记账，必须在两个或两个以上的账户中进行。

第三章　如何与钱打交道

——做一名卓越会计

财务入门基本功——从卓越会计做起

> 商业经营成功的三大法宝是：充足的现金或信用、优良的会计人员与卓越的会计信息系统。
>
> ——卢卡·帕乔利

2010年初，由美国法庭指定的调查律师，将一份长达2200页的调查报告公布于众，这是一份关于雷曼兄弟倒闭调查的报告。该报告明确指出，在雷曼兄弟的倒闭中，雷曼前高级管理层以及前审计机构——安永会计师事务所，负有不可推卸的责任。这个结论重击了美国整个银行业和审计师的信用评价。

人们纷纷猜测，安永是不是会成为"安达信"第二？

还记得前面提到的安然公司吗？安然公司的财务问题，就是当时名气毫不逊色于安然的美国安达信会计咨询公司的手笔。安然事件使得安达信的问题也浮出水面。但是在安达信还没有破产之前，和今天的安永一样，它也是五大国际会计师事务所之一。安达信出事后，国际会计师事务所从"五大"变成"四大"。不知道将来会不会变成"三大"？如果真的变成"三大"，会计师事务所还能在公众心中保留原来那种清晰、冷静、公正、理智的形象吗？

这里涉及一个很基本的概念，叫做企业伦理，它是会计的基础。简单地说，不谈"课责性"就没有会计；只讲究会计的技术而不谈诚信原则，财务报表就失去了灵魂。对企业经理人来说，在编制财务报表的过程中，正确的价值观与态度，远比会计的专业知识重要。

在今天，要想成为一个卓越的会计，必须要具备"智慧"、"诚实"、"勇敢"这三种修养。三者缺一不可，以诚为基础。其实会计就像是企业发展的一面镜子，通过它，你可以了解到企业的发展现状和发展前景。虽然从表面上看，会计工作是简单的记账和编制报表，但其基本的目的是给使用者提供信息和理论依据，所以，这就要求会计信息非常准确。作为会计人员，在工作中必须对业务数据进行分类、计算、汇总。作为企业经营者，通过加工后的会计信息把握企业资金运作状况，以此来预测企业未来的发展方向。

比如，如果你要预测公司的发展状况，那么，你首先必须通过这家公司的财务报表来了解该公司的资产配置是否合理、成本费用的控制情况等。财务报表分为三类：损益表、资产负债表和现金流量表。阅读财务报表，有利于了解企业真实的财务情况，比如在改善资本结构方面所花费的资金等。

投资大师巴菲特对财务数据的真实的要求之苛刻在业内很著名。巴菲特不仅是"股神"，他同时也是美国伯克希尔—哈撒韦公司的董事长。我们看看他是怎么做的。

> 巴菲特在每年伯克希尔—哈撒韦的财务报表后面，附上亲手撰写的《股东手册》（An Owner's Manual）。他明确地告诉股东："虽然我们的组织形态是公司，但我们的经营态度是合伙事业。……我们不能担保经营的成果，但不论你们在何时成为股东，你们财富的变动会与我们一致（因为巴菲特99%的财富集中于伯克希尔—哈撒韦的股票）。当我做了愚蠢的决策，我希望股东们能因为我的财务损失比你们惨重，而得到一定的安慰。"

巴菲特公开表示，他对一切欺骗的行为深恶痛绝，并且断言，那些爱欺骗投资人的经理人，一定无法真正管理好一家公司，因为"公开欺人者，必定也会自欺"。

"勇"跟"诚"是不可分割的。在今天的商业社会中，"诚实是一种奢侈的品质"，或许言过其实。但是，要长久地保持诚实的品质，没有足够的勇气还是有一定难度的。毕竟，趋利避害是人性的本能。因此，完善的会计制度很重要。有"经营之神"美誉的中国台湾塑料公司董事长王永庆先生就认为，企业经营的两大支柱是"计算机系统"和"会计制度"，而计算机系统的很大部分是用来支持会计制度的。

现代社会看重人的情商，但是并不等于说就不注重智商。会计从诞生之初起，就是人类智慧的结晶。人们在进行生产活动时，总希望以尽可能少的劳动耗费取得尽可能多的劳动成果，以此来提高经济效益。为了达到这一目的，人们在生产过程中除了不断采用新技术、新工艺外，还必须对劳动耗费和劳动成果进行记录、计算、分析、比较，以此来掌握生产活动的过程和结果。这就是会计的最初形式。

现代经济生活中，任何一个单位和部门都存在着一定的经济关系和经济活动。企业进一步集中，股份公司、跨国公司、垄断组织的大量涌现，企业规模的日益壮大，内部组织结构日趋复杂，与此相适应，会计由简单的记录与计算，对外报送会计报表，发展为参与事前经营预算、决策；对经济活动进行事中控制、监督；开展事后分析、检查。所以，经济的发展离不开会计，经济越发展，会计越重要。

杰克·韦尔奇说过："一个全球化的企业，只有具备了良好的企业道德，才能够赢得全世界人民的信赖，这才是企业成功的坚固基石。卓越的竞争力是建立在诚实、守信的清白思想上的。"跨国企业尚且如此，中小企业更要踏踏实实、勤勤恳恳。诚实、信誉和勤奋是企业的无形资产。商场虽然有竞争，但不是你死我活的战场，商场虽然要智谋，但不是置人于死地的零和博弈，全球化经济的环境呼吁的是"双赢"和持久的商业策略。谁能在创富过程中更新观念，调整创业风格，谁就能成就自己，成就事业。

有个广为流传的寓言故事是这样阐述人生的意义的：

如果给你一张白纸，让你将它对折51次，你能猜想它的厚度有多少？是100张纸那么厚，还是一个冰箱那么高，一幢房子那么厚，这大概是你所能想到的最大值了吧？

用计算器可以算出：2的51次方等于2251799813685248。如果这张纸的厚度按照0.07毫米计算，那么对折51次后它的结果就是1.576多亿公里，这个厚度超过了地球到太阳之间的距离！

没错，就是这样简简单单、看似毫无分别的重复动作，这种貌似"突然"的飞跃，根基何在？就在于踏实，一步一个脚印地把事情做好。有一句物理学上的真理，叫做看不见的力量比看得见的力量更有用，这在会计工作中，同样适用。

财务知识小贴士

记账规则之歌：
借增贷减是资产，权益和它正相反。
成本资产总相同，细细记牢莫弄乱。
损益账户要分辨，费用收入不一般。
收入增加贷方看，减少借方来结转。

会计核算些什么——会计基本六要素

> 　　实践证明，提高财务管理水平，一个重要的条件就是要不断加强财务队伍建设。人是生产力中最活跃的因素，只有不断提高财会人员素质，发挥其主观能动性，创造性地开展工作，才能开创财务工作新局面。
>
> ——作者

　　"安然案"刚刚落下帷幕，美国世界通信公司又爆出丑闻：审计委员会发现，该公司有38亿美元的费用被错误地计为资本支出，并导致该公司在过去5个财季账面现金流和利润增加。此消息一出，美国企业界和资本市场一片哗然，它成为美国历史上最严重财务欺诈案。

　　美国相关方面统计数据显示，在其"巅峰"时刻，世界通信的市值曾高达1800亿美元，而之后两年内，它的"家底"仅剩下30亿~80亿美元。

　　媒体惊呼：世界通信公司曾经的"辉煌"源于概念炒作。

　　这里涉及一些概念，何为费用？什么是资本化的费用？什么又是经营的费用。为什么世界通信将本来应该作为经营的费用当做资本化的费用记账，就算作财务欺诈？而竟然导致公司破产？要讲清楚这个关系，必须先区分六大会计基本要素。

　　所谓的会计要素，是根据交易或者事项的经济特征，将财务会计要素分为六大类，包括资产、负债、所有者权益、收入、费用、利润。会计要素的界定和分类可以使财务会计系统更加科学严密，为财务报告使用者提供更加有用的信息。

表 3-1　会计要素的分类及具体内容

会计要素	具体内容
资产	资产是指企业过去的交易或者事项形成的，由企业拥有或者控制的，预期会给企业带来经济利益的资源
负债	负债是指企业过去的交易或者事项形成的，预期会导致经济利益流出企业的现时义务
所有者权益	所有者权益是指企业资产扣除负债后，由所有者享有的剩余权益。公司的所有者权益又称为股东权益
收入	收入是指企业在日常活动中形成的、会导致所有者权益增加的、与所有者投入资本无关的经济利益的总流入
费用	费用是指企业在日常活动中发生的、会导致所有者权益减少的、与向所有者分配利润无关的经济利益的总流出
利润	利润是指企业在一定会计期间的经营成果。它是评价企业管理层业绩的一项重要指标，也是投资者等财务报告使用者进行决策时的重要参考

在简单阐述了会计六要素后，我们已经知道费用属于会计基本要素之一，它存在的基本形态，就是使净资产减少。费用的分类很多，所谓资本化的费用是指为长远的目的购置的设备和系统等，由于这类费用的金额较高，所以应该计入资产负债表，然后按照使用年限进行折旧，折旧费逐年计在损益表。而经营费用是一次性计入损益表，在当年全部用来抵减利润的。

在世界通用的财务欺诈丑闻里，本来应该一次性抵减当年利润的经营费用，被作为资本化费用，计入资产负债表逐年抵减，自然就造成财季报表上现金流和利润增加。

很多老会计都说："会计是一种语言。"

是的，会计是一种语言，而且是一种美丽的语言。如果你觉得看报表如同看天书，那不是因为数据在拒绝你，而是因为你先拒绝了使用这种语言进行交流和沟通。而财务管理就是一场使用会计语言进行的演讲或者辩论。

语言学认为，广义的语言不仅仅是从嘴里说出来的言语，一切能够产生交流和沟通的手段都可以称为语言。但不论多么复杂的语言，都是由本语种当中最小单位的语素构成的。比如日语有 46 个片假名和平假名；英语只有 26 个字母；0~9 十个阿拉伯数字构成了基础数学；1~7 七个音符让人类认识了音乐；红、黄、蓝三原色让世界五彩缤纷……如果把会计看做一门财务沟通的语言，资产、负债、所有者权益、收入、费用、利润就是它的最基本语素。

为了测试一下我们是不是真的记住了这六大元素，我们来做一道多项选择题：

> 请选出不属于会计要素的错误项：
> A. 资产和所有者权益；B. 成本和收入；C. 资产和利润；D. 成本和费用
> 不要回头看上面的文字，也不要看下面的答案，把你的答案写下来。

这道题目的答案是：BD。你选对了吗？

"成本"是这道题的干扰项。据说，大学会计系的老师非常喜欢出这样的题目，目的是去难倒平时不认真听课考前抱佛脚的学生。因为根据一般人常识，"成本"这个元素太重要了，怎么可以不计入会计基本要素中呢？

这其实是个分类标准的问题。就像同是音乐要素，"1234567"跟"宫商角徵羽"并不冲突；同是颜色，"赤橙黄绿青蓝紫"和"青白朱玄"也不矛盾。会计要素也是这样。成本属于另一个会计分类：会计科目。会计科目按经济内容分类，也是六类，包括资产类、负债类、所有者权益类、成本类、损益类和共同类。其中共同类是金融业专用。成本在会计科目中，属于成本类。

那么，也许你要问了，成本在会计要素里的位置在哪里呢？在会计要素里，成本被划归于资产下的存货，我们可以很容易地在任何一张资产负债表中找到它。

表3-2　会计要素与会计科目

会计要素	资产	负债	收入	费用	利润	所有者权益
会计科目	资产类	负债类	成本类	损益类	共同类	所有者权益类

财务知识小贴士

会计核算之歌：

会计核算方法七，设置科目属第一。

复式记账最神秘，填审凭证不容易。

登记账簿要仔细，成本核算讲效益。

财产清查对账实，编制报表工作齐。

判断入账时差的因素——权责发生制

有时候道理不通，大家习焉不察，也就过去了，而看来不可思议之事，细想一想竟是道理极通，无可驳诘。所以只要心定神闲，想得广、想得透，蹈暇乘隙，避重就轻，大事化小，小事化无，亦并不难。

——胡雪岩

> 很早就有人说，买车不如打车划算。从财务理念来看，这个观点是正确的。我们假设某人原来每天打车上班要花 40~50 元，今年他花了 10 万元（这算是个低价了）买了一辆车，你觉得他开车上班跟打车上班的花费，哪个高？
>
> 也许你在心理上会感觉，只要不出车祸，不违规，每天开车应该还是比打车要便宜。那让我们用财务管理的观念来算一笔账。
>
> 只要这辆车还能开，开一天车就要算一天的开车成本。假定他的车开 5 年，当时花了 10 万元，5 年后卖 1 万元——这个价也算高了。那么，在不考虑油钱的情况下，他每天开车的成本是多少呢？
>
> $(100000 - 10000) \div (365 \times 5) = 49.32$（元）

其实，花费才刚刚开始。买车以后，开始缴税，开始装饰，开始购过路费、养路费……难怪很多国际大公司不买车，宁愿租车。因为租车是一次性开销，而私人用车属于消费性的固定资产，它不是增加利润，而是侵吞利润。按照会计配比原则，一次性付出去的成本，有可能在很长的时间内起作用，这个时候就要把它摊到收益期内的每个时间段里，比如年、月、日和本时间段所取得的收入去配比。

这就是权责发生制。权责发生制是企业收入和费用的确认方式，它以权责关系的实际发生作为确认的基础。按照我国现行的《企业财务通则》，权责发生制要求凡是应属本期的收入和费用，不论其款项是否收到或付出，都作为本期的收入和费用处理。跟权责发生制对应的是收付实现制，收付实现制是指以现金的收入与支付来确认收入和费用，即以款项是否收付作为确认本期收入和费用的标准。权责发生制是从收付实现制发展而来的。

表 3–3　权责发生制与收付实现制

	本期收到的款项	本期支出的款项	适用的经济模式
权责发生制	按现金收入及未来现金收入——债权的发生来确认	按现金支出及未来现金支出——债务的发生进行确认	商品经济发展和信用制度完善的市场经济模式
收付实现制	不论其应否属于本期，均作为本期的收入	不论其应否属于本期，均作为本期的费用	商品经济发展初期，业务简单、信用制度不完善的情况

随着经济的发展，市场的信贷制度越来越完善，收付实现制由于不能正确计算当期收入和费用的不方便越来越明显，而权责发生制不仅能正确计算出企业当期的损益，还能向决策者提供过去发生的信息，比如关于现金收付的事项、即将支付现金的义务、将要收到的现金来源等，因此被企业广泛采用。

权责发生制原则在企业会计处理中处处可见。如现在企业收了定金，出货后期末款项尚未收到，但在会计处理时，还是要把它计入本期营业收入。再比如，对设备折旧的提取，尽管固定资产在目前尚未毁损，但它的一部分价值已经消耗掉，所以要将这部分价值以折旧的形式提取出来并计入本期费用。

根据我国现行《企业财务通则》和行业财务制度，需要使用权责发生制进行的会计项目，主要包括以下八个方面：

（1）逾期半年以内的贷款利息收入；

（2）金融机构往来收入；

（3）定期存款利息支出；

（4）金融机构往来支出；

（5）投资收益；

（6）各种税金支出；

（7）无形资产摊销；

（8）固定资产折旧。

另外，固定资产修理、租赁、低值易耗品购置、安全防卫等大宗费用支出也包括在内。

为了更好地体现"时差"在权责发生制中的重要性，也说明权责发生制在其他社会领域亦有通用性，我们来看下面这么一件事。

2009年，天涯国际观察版一篇题为《碳排放背后西方遏制中国的博弈》引起了网友的热烈讨论。该文提出：

在碳排放的博弈当中，我们需要注意的就是西方采取了有利于他们的不公平的计算方法。西方在人权、司法和财务上实行歧视和双重标准，把自己低碳化，把中国高碳化。因此我们应按照权责发生制和历史摊销的方式计算排放，这样西方的历史排放就要摊销到今天，而中国没有多少历史排放可摊销。西方本身就是一个法制和钱决定的社会，社会的运转离不开司法和财务，而西方对于碳排放的计算恰恰是没有按照司法和财务的根本原则进行计算，违背了法理和惯例。

"低碳"博弈不是我们要讨论的对象，引起我注意的是，作者在这里运用的基本方法，就是权责发生制。从事实上看，中国的经济发展才刚刚起步，势必需要大量的能源和产生大量碳排放，而历史统计数据表明："英国和美国的人均历史排放量约达1100吨二氧化碳，而中国和印度的人均水平分别为66吨和23吨。"根据权责发生制（这可是西方经济系统的基本制度），如果把西方在历史上的建设产生的影响摊销到今天，把中国要使用到将来的建设产生的影响同样摊销到将来，各国的碳排放量跟原先的统计数据就是天壤之别了。

孰是？孰非？历史自会评价。

😊 **财务知识小贴士**

确认和计量的一般原则：

权责发生制原则：以权利和责任的发生来决定收入和费用归属。

配比原则：同期各项收入和与其相关的成本、费用同期确认。

历史成本原则：要求各项资产在取得时应当按照实际成本计量。

划分收益性支出与资本性支出原则：根据是使本年度受益还是使多个年度受益来区分，前者为受益性支出，后者为资本性支出。

所有企业的一条财务铁律——会计恒等式

> 会计，当而已矣。
>
> ——孔子

　　我国儒家圣人孔子不仅是伟大的思想家、学问家、教育家，还是会计行当的老行尊。根据《孟子·万章》记载，当时在鲁国执政的大贵族是季氏，为了养家糊口，孔子就在季氏的手下当上了一名主管仓库会计的小官吏——委吏，大概等同于我们现在的财务科长。

　　毫无疑问，孔子是个对任何事都非常认真而且负责的人。那时候的会计虽然简单，但他干得非常投入。他兢兢业业地守着库房，终日数数筹、画记号，监督着仓库的财物出入。他谨慎地辨别着出入事项，一一在竹简上刻画、登记，力求使每一笔"账目"都正确无误。会计的谨慎性原则，从那个时候起，就开始孕育了。

　　孔子还是个无时无刻不在思索的好学者，做委吏的日子久了，他从中悟出一个道理，这个道理后来被他的弟子们记载下来，就是："会计，当而已矣。"

　　当，即指平衡，会计工作的要害系于"当"字，体现了会计工作的真实性与中立性，两性合一。这句话看似简单，却内涵深刻，高度凝练。

　　这个当字，在现代会计理论里面，有个专有名称，叫作会计恒等式：

　　资产＝负债＋所有者权益

　　会计恒等式的基本规律是：

　　"会计事项的发生，如果只引起等式一方要素项目发生变动，不但不会破坏双方总额的平衡，而且原来的总额也不会变动；

　　会计事项的发生，如果引起等式两方要素项目发生变动，会使双方总额发生同增、同减的变动，但变动后的双方总额仍然相等，仍不会破坏会计等式的平衡关系。"

会计恒等式是现代会计核算方法体系的基石，是掌握借贷复式记账法的起点，为会计试算平衡奠定了基础，为资产负债表的编制提供了理论依据。

企业经营的目的是获取利益。作为经营的基础，企业在创业之初，必定拥有一定数量的资产，而每一项资产，都要有其来源，要么是来自企业可以长期占用、无须归还的资金，要么是通过投资者投入，或通过向债权人借款等来筹划。

显然，一般情况下，投资者不会无偿地提供资产，除了捐赠。所以，企业中的资产具有相应的权益要求，即谁提供了资产，谁对资产就拥有权益。而最基本的要求是：平衡。会计等式"资产 = 负债 + 所有者权益"便是这样产生的。可以说，会计恒等式就是反映会计要素之间数量关系的数学公式，所以又称为会计平衡公式。

需要强调的是，正如会计通则只是代表当时流行的判断一样，会计恒等式在不同的社会形态下，涉及的会计要素之间的关系也是不同的。这跟会计理论基础随着社会变化而变化不无关系。

会计恒等式辩证地反映了复杂的经济业务之间的相互联系，其基本的记账原则是："有借必有贷，借贷必相等。"整体表现是展现一种平衡感，所以常常听到会计人员会说的一个词就是"平账"。

也有人将会计等式的这种平衡感称为对称美。对称美是美学中最基本的一个概念，也是生活中随处可见的一种美的体现。会计等式中"以余额所反映的'静'和发生额所反映的'动'，演绎着会计信息动与静的完美结合"。

会计恒等式是复式记账法的基础，利用会计恒等式，在了解资产负债表的前提下，就可以分析一家公司的经营状况是盈利或亏损了。假设你是一个银行家或投资人，当知道以下资产负债表的信息后，试问你是否愿意贷款或投资这家公司？

> A公司资产总共是21.6亿美元，遗憾的是，经过多年的亏损，A公司已经赔光了当初股东投入的所有资本，并产生-10.4亿美元的股东权益。问：此公司的总负债金额为多少？
>
> 经由会计恒等式得知，A公司的总负债金额是32亿美元（21.6亿 + 10.4亿）。

当然，以上只是一个为了明确会计恒等式而假设的例子，在现实中，对一个上市的企业而言，这种负债远大于资产的情况很少发生。

使用会计恒等式时，需要注意恒等式左侧的资产类账户的性质。恒等式左侧的资产类账户被规定为"借增贷减，余额在借方"，而位于等式右侧的权益类（即负债人权益与所有者权益）账户，则对应地被规定为"借减贷增，余额在贷方"。反之，若资产类账户性质被规定为"借减贷增，余额在贷方"，那么权益类账户则对应地被规定为"借增贷减，余额在借方"。

正如一台天平，此时问题的关键不是秤砣在左还是在右，而是砣与物之间的对称与平衡。因此，复式记账中的"借"、"贷"仅表明账户中两个对立的方位，而不再具有实际上的债务、债权含义。

有借必有贷，借贷必相等！

图3-1 会计"天平"

☺ *财务知识小贴士*

衡量会计信息质量的一般原则：

客观性原则：以实际发生的交易或事项为依据，没有强调合法性。

可比性原则：会计核算指标口径一致，横向之间相互可比。

一贯性原则：核算方法前后各期应当保持一致，不得随意变更。

相关性原则：要求会计信息能反映企业的财务状况。

及时性原则：要求企业的会计核算及时进行，不得提前或延后。

明晰性原则：会计核算和财务报告应清晰明了，便于理解和利用。

第四章　学习犹太人的智慧和谨慎

——面对真实的资产状况

厚积薄发——看清企业前景

> 人们在自己生活的社会生产中发生一定的、必然的、不以他们的意志为转移的关系，即同他们的物质生产力的一定发展阶段相适合的生产关系。这些生产关系的总和构成社会的经济结构，即有法律的和政治的上层建筑竖立其上并有一定的社会意识形式与之相适应的现实基础。
>
> ——卡尔·马克思

2002年4月5日，是海尔集团发展史上值得纪念的日子。这一天，美国卡绍郡政府为感谢美国海尔工业园为当地经济发展和居民就业做出的显著贡献，决定无偿将美国海尔工业园附近的"协作大道"命名为"海尔路"。

以中国企业品牌为美国道路命名，这在美国是前所未有的。命名揭牌仪式上，面对前来祝贺的美国政界要员、金融界和企业界的著名人士及当地媒体，海尔集团首席执行官张瑞敏非常自豪地说："海尔路象征着中国名牌产品在国际上的崛起。"

到2007年，海尔在全球已有贸易中心656个，设计中心15个，工业园 8 个，工厂 48 个，服务网点 11976 个，营销网点 5.3 万个，海尔国际化发展的框架已经搭建。据美国《福布斯》杂志刊登的资料表明，海尔集团已经在全球白色电器制造商中排名第六。

海尔的成功不是偶然的。在它的成功之路上，有过三次大的转机。

第一次转机：1984 年创业之初，中国家电工业刚刚起步，整体技术水平偏低。张瑞敏把目光转向国外，以创质量名牌为目标，与德国利勃海尔合作生产四星级高档冰箱。

第二次转机：1992 年，海尔看到多元化有利于企业规模和素质的提升，果断决策开展多元化经营。在吸取失败者的教训和自身实力的基础上，成功实现向以电脑为主的白色家电领域的跨越。

第三次转机：1998 年后，随着中国加入世界贸易组织的临近，海尔再次抓住机遇，及时实施战略转移，加速企业国际化发展的步伐。

这才有了开头的一幕。

我们常常说，企业很难在一方面以稳健著称，同时又不缺乏胆略和勇气，敢于及时拍板决策，厚积薄发。一个好的企业领导，必然具备以下三种素质：探险家的胆略、科学家的智慧和政治家的信念。这里需要两个过硬的实力是：稳扎稳打的财务管理和当机立断的决策能力。

"经济基础决定上层建筑"，我们都知道，在政治经济学中，"经济基础"不是"经济的基础"，它其实是一种生产关系的表现方式。在对企业的经济基础而言，也不是简单地指钱，而是指钱的运作方式。哪里有经济活动，哪里就有资金流动，哪里就属于财务管理的范围。这必然决定企业的各种经营活动和各项管理工作都必须以财务管理为中心。

财务管理是对资金运动的直接管理，它深入到企业生产经营的各个环节，并以它的价值形态——货币进行计量。如果把资金循环看做企业的血液，那么企业的血液循环得良好与否，决定着企业的存活方式，并直接影响甚至决定经济效率的高低。

下面还是以海尔为例。

> 海尔首席执行官张瑞敏对财务的定位是，"海尔财务要彻底成为规划未来的管理会计"。实际上，海尔财务也正在向这个方向迈进。到目前为止，为了匹配企业战略管理的创新，海尔财务开始实施管理会计在海尔新一轮的创新，财务人员参与到为客户创造价值的前端流程，成为端到端组织的一员，建立与业务发展更加紧密结合的动态预算体系。

财务管理是伴随着生产发展和人们管理经济的需要而产生的，是企业经营活动中具有独立特定职能的管理活动。

如今，中国处在经济全球化背景下，随着社会主义市场经济体制的建立和发展，大多数企业正在实现从"生产型"管理向"经营型"管理转变。有些"领跑者"如海尔，则已经开始向"自主经营"管理转变。现实环境要求企业经营管理者更改原有的思想和观念，树立经济效益的观念，建立现代企业管理制度。而在现代企业管理制度中，财务管理的作用越来越大，在企业管理工作中所处的地位也越来越突出。可以说，企业财务管理的水平，直接关系到企业的生存和发展。

为了在新经济形势下，保持企业的核心竞争力，企业必须首先理清财务管理工作目标，逐步建立现代企业制度，努力实现整体协调发展的要求，在财务上要立足现实，立足全面，立足长远。另外，厚积薄发，以经济效益为中心，深化改革，适应变化，合理调整资金、成本、资产结构，强化降本增效和对外创收工作，依法经营、依法理财对企业来说也尤为必要。

具体做法可以采取"一个稳定、两个提高、三个实现"的原则。

一个稳定：保证财会队伍长期稳定。

两个提高：不断提高财务知识水平，不断提高财务管理水平。

三个实现：每年实现利润、成本、资金考核指标。

在经济飞速发展的时代，永远有未知的市场。如果企业已经洞察到一个市场或一个行业将会如何演变，并能利用这些洞见创新和拓展现有业务，它们有很大的概率，会成为某个新领域的领跑者。

在20世纪90年代末期，财务软件开发商Intuit公司注意到，许多小企业正在使用其开发的Quicken软件，该软件最初是设计用于帮助个人客户管理自己的个人财务。

这一观察结果使该公司获得了一个重要启示：对于小企业的所有者来说，大多数会计软件都过于复杂。因此，Intuit公司为他们设计了一种新产品，并在两年之内夺得了这一新兴市场80%的份额。

实现一个灿烂的企业前景，需要完善的财务管理。对外部，企业应该积极利用国家现有优惠政策，比如出口退税等，加快资金周转。财务人员要积极主动地与税务部门联系，争取当年出关当年退税，既增加经济收入又提高资金的流动性。对内部，要建立健全的财务总监制度，完善财务管理，让财务总监作为财会工作负责人，直接参与企业的财务管理，并在管理中发挥监督的作用。

财务知识小贴士

财务分析和评价：

财务分析和评价是综合评价企业整体素质的重要组成部分。在国外，目前它已与企业市场营销、生产管理、质量管理、物资供应、劳动人事等项目的分析与评价，构成了一门"企业诊断学"。

安得广厦——企业经营结构

> 全世界人都有这样的经验：把一捆芦苇捆在一起，任何人都折不断，如果一根根分开，连孩子都能折断。
>
> ——《塔木德》

"星期天到哪里去？郑州亚细亚。"感受过 20 世纪 80 年代末 90 年代初商业氛围的人们，对这句话都会有较深的印象。如今，每周都在过星期天，亚细亚到哪里去了呢？

1993 年，当连锁经营的理念刚刚传入中国时，亚细亚已闻风而动，决心大举发展连锁霸业。它先是成立了郑州亚细亚集团股份有限公司，后又由王遂舟领衔，组建了专门的零售业管理公司——亚细亚商业经营总公司。它的触角伸向了全国各地的省会及以上城市，飞快地组织选项和筹备，平均每 4 个月有一家大型连锁店开业。由于资产所有者不同，河南境内的连锁店仍以"亚细亚"为名，省外连锁店一般称作仟村百货。每到一地，它都要隆重登场，包括狂轰滥炸的广告，盛大的开业仪式，为顾客开辟公交免费线路，以及种种出格的、创意张扬的促销活动。

但是，时间一长，亚细亚经营管理的缺陷就暴露在公众面前。广州仟村百货开业时，当地报纸审慎地批评它"不惜血本打价格战"，"经营费用大，恐怕难以为继"。

1996 年 6 月 14 日，郑州亚细亚集团召开了有史以来最沉闷的一次董事会。摆在董事们面前的情况是：北京、上海、广州每月的亏损达 2000 万元。总经理王遂舟检讨说："我们当时年轻，没有考虑到那么多困难。"

王遂舟离职后，亚细亚先后有数位总经理上任，企图力挽狂澜，扶大厦于将倾。然而败局已定，亚细亚这艘"商界航母"终于沉没了。

亚细亚扩张资金的主要来源是银行贷款，还有一些企业、供应商和个人投资。它的资产特点是：资金流动性快，但大规模的资金贷款如果在短期内不能产生利润，无法为企业"输血"，就会造成资金流动的恶性循环。亚细亚扩张后，各地的经营状况普遍不景气，导致的直接后果是资金回收相当困难。

更糟糕的是，亚细亚本身的经营结构就不完善，盲目扩张使得原来的缺陷呈几何级倍数放大。资金链断裂、产权关系不清、财务预测不足、账目管理混乱等问题都暴露无遗，"呼啦啦大厦将倾"在所难免。

企业是向社会提供商品或劳务而获取盈利，从事生产、流通和其他服务性的经济活动，进行自主经营，实行独立核算，符合法律规定条件的经济组织，它需要具有经济性、营利性、组织完备性、财产独立性和社会性。因此，科学决策、合理投资，健全经营结构很重要。

全球最著名的管理咨询公司麦肯锡认为，企业成功有必不可少的四个要素：清晰的战略目标、合理的组织结构、有效的管理程序以及优秀的核心经营结构。如果把一个公司看做一幢房子，那么这四个要素的关系见图4-1。

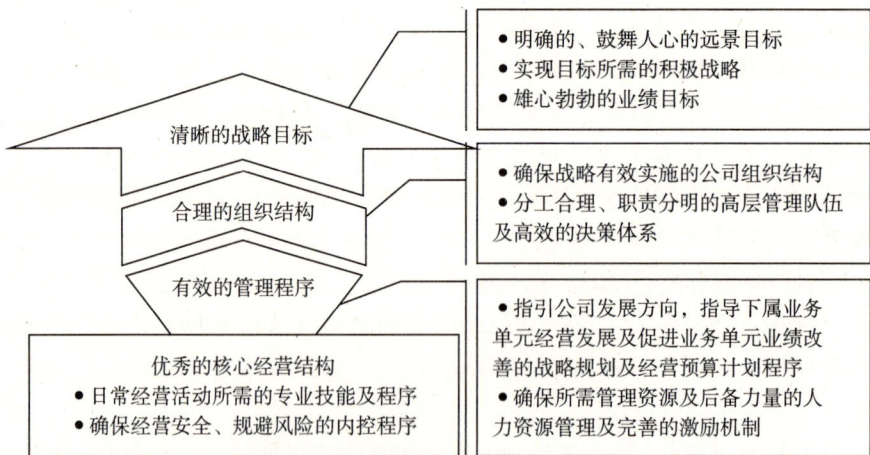

图4-1　企业成功必不可少的四个要素

麦肯锡的企业成功四要素，在财务管理中同样适用。针对财务管理，麦肯锡做了如下的阐述：

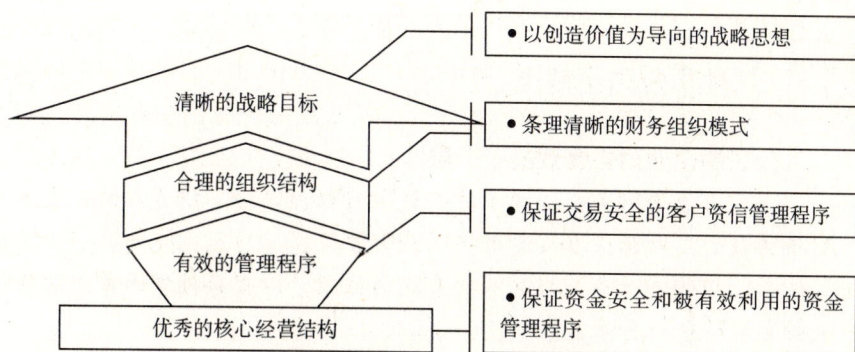

图4-2　麦肯锡的企业成功四要素

麦肯锡指出，中国的公司必须转向价值创造的心态，从而吸引并有效地配置资本。以价值为基础的管理是一个综合的管理工具，它可以用来推动价值创造的观念深入到公司一线员工中去。中国企业无论拥有怎样的所有制结构，无论是否是上市公司，都可以逐步设计并引入以价值为基础的管理。

如何做到以价值为基础的企业经营结构呢？海尔的"倒三角"模式可以借鉴。

世界上，一般企业的经营结构都是正三角，而海尔却做了一个大胆的相反调整，推出了"倒三角"的组织经营结构。"倒三角"的特点是：最高领导在下面，提供支持和资源，员工在最上面，直接面对用户。"倒三角"经营结构，使一线员工直接面对市场终端需求，倒逼企业体系提供资源支持，让企业员工与客户走得更近。2010年4月《经理人》的《最有价值的组织创新》一文，提到海尔"构建'倒三角'组织"时说："已基本完成科学化管理阶段的企业，可大胆尝试倒三角形的组织结构，以提升企业满足客户需求的能力。"

"倒三角"管理法是现代中国企业逐渐由内部管控发展为以市场客户为导向的必然选择，是决定企业员工走近客户与市场的最佳路径。

企业从"正三角"到"倒三角"，这是一个非常重要的突破和创新。

财务知识小贴士

公司制企业财务管理的三个层次：

一、出资者财务：以资本的终极所有权为依据，以资本的安全和增值为目的，对其出资及运用状况进行管理。

二、经营者财务：以法人所有权为依据，以直接控制的方式对企业的资金运行进行管理。

三、专业财务：以现金流转为管理对象，保证经营者财务决策的顺利执行和预期效益的实现。

企业运作的支点——资产与负债的抗争

> 每个人都在别人的心里开设了一个情感账户，你的诚信、热情、正直和爱是存入情感账户的资产，你的自私、失信、贪婪等是情感账户的负债。在他人心目中，衡量你的个人价值可以用权益的概念，即资产减去负债。如果权益值是负数，说明你在别人心目中已经破产。一个情感上破产的人是不值得投资的。
>
> ——史蒂芬·柯维

　　有人说，人生就是一张巨大的资产负债表。一项资产的获得，总是通过负债的增加或者另一项资产的减少来实现。也就是说，为了得到某些东西，必然付出另一些东西以达到平衡。

　　人们总是习惯于以拥有资产，特别是物质资产的多少来判断人生的成功与否，殊不知资产与负债总是如影随形。

　　人生的资产的种类很多，钱只是其中的一种。做人生的报表分析，切忌看到第一项就对主人下定义，称此人为穷或者富。要知道这项资产的增多，其背负的债务：辛苦、操劳、风险、担忧，甚至犯罪。或者，另一些资产的减少，比如平淡的幸福感……

　　有些人的资产负债表上还会有丰富的人生阅历，与之相伴的负债自然是大量的磨炼，或者还有远离故土的孤独。与之相反，毕生都生活在故乡的人，报表中没有漂泊这项负债，但也缺少了许多宝贵的体验作为资产。

　　不同的人拥有不同的人生，不同企业的资产负债表也各不相同。有的企业平淡地经营，资产和负债都较少；也有的企业波澜壮阔，拥有大量的资产和大量的负债。

资产是指过去的事项或交易形成并由企业拥有或者控制的资源，该资源预期能够给企业带来经济利益。资产是企业从事生产经营活动的物质基础。企业在从事生产过程中，必须具备一定的财产物资，如现金、银行存款、厂房场地、原材料等资产。除资金以及实物资产外，还包括专利权、商标权等无形资产。

需要注意的是，只有那些能够为企业未来带来经济利益的才能确认为资产，反之，就不能视为资产，如一条技术上已经被淘汰的生产线，它不能用于产品生产，不能给企业带来利润，也就不能视为资产。

成为资产要符合三个条件：

（1）企业对它有控制权。

（2）是由过去的经济事项产生的。

（3）可能引起未来经济利益的流入。

表 4-1 是一张基本的资产负债表。它左边是资产；右边是负债和所有者权益。必须遵守的基本原则是，左右相等，即资产=负债+所有者权益。

表 4-1 资产负债表

资产	期初数	期末数	负债	期初数	期末数
银行存款			税款		
现金			工资		
存货			应付账款		
应收账款			其他应付款		
其他应收款			短期借款		
待摊费用			预提费用		
固定资产			所有者权益		
减：折旧			实收资本		
			盈余公积		
资产总计			未分配利润		

我们来看一下，一张明晰的资产负债表，应该考虑哪些项目。需要提醒大家的是，资产负债表中有的项目名称与账户的名称不完全一致。或者名称虽然一致，但反映的内容却存在差异。所以资产负债表部分项目需要通过分析、计算、整理后才能填列。

先来看关于流动资产各项目的填列方法（见表 4-2）。

表4-2　流动资产各项目的填列方法

项目		填列方法
流动资产	货币资金	根据"现金"、"银行存款"、"其他货币资金"账户的期末余额合计填列
	短期投资	根据短期投资账户的期末余额填列
	应收票据	根据"应收票据"账户的期末余额填列
	应收账款	根据"应收账款"账户所属各明细账户的期末借方余额合计填列，如果"应收账款"账户所属明细账户中有的是贷方余额，应在本表"预收账款"项目内填列
	坏账准备	应根据"坏账准备"账户的期末余额填列，其中借方余额应以"-"号填列（表明转销数大于提取数）
	应收账款净额	根据应收账款减坏账准备的差额填列
	预付账款	根据"预付账款"账户的期末余额填列，如果"预付账款"账户所属有关明细账户中有贷方余额的，应填入"应付款项"项目
	其他应收款	根据"其他应收款"账户的期末余额填列
	应收补贴数	根据"应收补贴数"账户的期末余额填列
	存货	应根据"原材料"、"物资采购"、"低值易耗品"、"包装物"、"委托加工材料"、"材料成本差异"、"自制半成品"、"生产成本"、"产成品"、"分期收款发出商品"等账户的期末借贷方余额相抵后的差额填列
	待摊费用	应根据"待摊费用"账户的期末余额填列。但"预提费用"账户期末如果是借方余额，也计算到"待摊费用"填列
	待处理流动资产损失	根据"待处理财产损溢"账户所属"待处理流动资产损溢"明细账户的期末余额填列
	一年内到期的长期债券投资	根据"长期投资账户"所属"债券投资"明细账户的期末余额分析填列
	其他流动资产	本项目应根据有关账户的期末余额填列。如其他流动资产价值较大的，应在会计报表附注中披露其内容和金额

再来看长期资产。长期资产包括企业的长期投资、固定资产、无形资产和其他长期资产，其具体项目的填列方法见表4-3。

表 4-3 长期资产各项目的填列方法

长期资产	项目	填列方法
长期投资	长期股权投资	根据"长期股权投资"科目的期末余额减去"长期投资减值准备"科目中有关股权投资减值准备期末余额后的金额填列
	长期债权投资	根据"长期债权投资"账户的期末余额，减去"长期投资减值准备"账户中有关债权投资减值期末余额的一年内到期的长期债权投资后的金额填列
固定资产	固定资产原值	根据"固定资产"账户的期末余额填列
	固定资产净值	根据"固定资产原价"减去"累计折旧"所得的金额填列
	固定资产清理	根据"固定资产清理"账户的期末借方余额填列，如余额为贷方应以"-"号填列
	在建工程	根据"在建工程"账户的期末余额填列
	待处理固定资产净损失	根据"待处理财产损溢"账户所属"待处理固定资产损溢"明细账户的期末余额填列。如为"-"号表示尚未处理的净收益
无形资产	专利权	无形资产反映企业各项无形资产的原值扣除摊销后的净额。一般不分别列示原始成本、累计摊销款和账面净值，而是直接列示账面净值。本项目应根据"无形资产"账户的期末余额填列
	商标权	
	著作权	
	土地使用权	
	商誉	
其他长期资产		主要反映上述资产项目未反映的那部分资产，如冻结资产、特种储备等本项目根据有关账户的期末余额填列
递延税款借项		反映企业期末尚未摊销的递延税款的借方余额，应根据"递延税款"账户的期末余额分析填列

和资产一样，负债也分为流动负债和长期负债两大项目，每一项目下又分为若干小项目。它们根据索偿权的先后次序进行排列：先流动负债，后长期负债。在编制报表时应根据报表项目与相对应账户余额分析填列。

先来看流动负债具体包括哪些项目以及该如何填列（见表 4-4）。

表 4-4 流动负债各项目的填列方法

	项目	填列方法
流动负债	短期借款	根据"短期借款"账户的期末余额填列
	应付票据	根据"应付票据"账户的期末余额填列
	应付账款	根据"应收账款"账户所属各有关明细账户的期末贷方余额计算填列。如果"应付账款"账户所属明细账户期末有借方余额，则应列入本表"预付账款"项目
	预收账款	根据"预收账款"账户的期末余额填列。如果"预收账款"账户所属明细账户有借方余额的，应在本表"应收账款"项目内填列

续表

项目		填列方法
流动负债	其他应付款	根据"其他应付款"账户的期末余额填列
	应付工资	根据"应付工资"账户期末余额填列。如为借方余额，应以"－"号表示
	应付福利费	应根据"应付福利费"账户的期末贷方余额填列。如为借方余额，应以"－"号表示
	未交税金	根据"应交税金"账户的期末余额填列。多交数或预交数以"－"号填列
	未付利润	根据"其他应交款"账户的期末余额填列，多付数以"－"号填列
	其他未交款	根据"其他应交款"账户的期末余额填列，多付数以"－"号填列
	预提费用	根据"预提费用"账户的期末贷方余额填列。如果为借方余额，应合并在"待摊费用"项目反映
	一年内到期负债	根据"长期借款"、"应付债券"、"长期应付款"等长期账户所属有关明细账户的期末余额分析填列
	其他流动负债	根据有关账户的期末余额填列
长期负债	长期借款	根据"长期借款"账户的期末余额分析填列
	应付债券	根据"应付债券"账户的期末余额分析填列
	长期应付款	根据"长期应付款"账户的期末余额分析填列
	其他长期负债	根据有关账户的期末余额填列
	住房周转金	根据"住房周转金"账户的期末余额填列

企业的长期负债是偿还期在一年或者超过一年的一个营业周期以上的债务。具体包括长期借款、应付债券、长期应付款等。

所有者权益按其永久性程度的高低，即永久性程度高的在先，永久性程度低的在后的顺序排列。包括实收资本、资本公积、盈余公积和未分配利润。

我们已经知道，资产负债表属于一种静态存量的报表，主要传递在某一个特定的时间点下，企业的资产状况以及购买这些资产的资金来源。现在很多中小企业的投资者都不是专业的财务人员，也缺乏必要的财务常识。投资人最重要的训练之一，就是"面对现实"，而资产负债表便是修炼这项功夫的基本工具，知己知彼，方能透过报表，认识现实。

因此，先明了报表的具体填列方式，再正确地分析上市公司财务报表，挖掘真正具备投资价值的公司，对企业投资者来说，是非常重要的。

表4–5　所有者权益各项目的填列方法

	项目	填列方法
所有者权益	实收资本	根据"实收资本"账户的期末余额填列
	资本公积	反映企业实际收到的资本总额，根据"实收资本"账户的期末余额填列
	盈余公积	反映企业盈余公积的余额，根据盈余公积的期末余额填列
	公益金	根据"盈余公积"所属"公益金"明细账户期末余额填列
	未分配利润	根据"本年利润"账户和"利润分配"账户的余额分析填列

财务知识小贴士

短期周转贷款：

短期周转贷款是专门针对1~6个月短期的资金周转需求而设置的贷款品种，材料齐全，当天批贷，次日即可放款。手续简单，方便快捷，还款方式更灵活。

致富的第一后盾——企业资产的累积

> 钞票有的是，遗憾的是你的口袋太小了。如果你的思维足够开阔，那你的钱包就会随之增大了。
>
> ——《财富圣经》

古代巴比伦国中，许多人向富翁阿卡德询问致富之道。阿卡德问道："假如你拿出一个篮子，每天早晨在篮子里放进 10 个鸡蛋，每天晚上再从篮子里拿出 9 个鸡蛋，最后会出现什么情况？"

"总有一天，篮子会变满。因为我每天放进篮子里的鸡蛋比拿出来的多一个。"有人回答。

阿卡德笑着说："致富的首要原则，就是在你放进钱包的 10 个硬币中，顶多只能用 9 个。"

个人致富是如此，企业的资本积累也不外乎于此。中国古代生意场上有句俗话："小买卖怕吃，大买卖怕赔。"说的就是小生意要克勤克俭，自己不能贪吃懒做；大生意要有足够的眼光和心胸，决策很重要。很明显，现代企业要积累资本，应当以削减浪费为第一要领。倘若不能砍掉浪费，那么再多的利润也会被消耗掉。

清朝乾嘉年间，扬州盐商黄致筠，在其精心打造传世之作"个园"的清美堂中，挂上了一副楹联，上联是："传家无别法非耕即读"，下联是："裕后无良图唯俭与勤"。上联强调以耕读传家，下联强调勤俭持家。这就是一代盐商的积富心境，也是我国几千年代代相传的生财之道。

中国人和犹太人都是世界上古老的民族，在经商理念上，也不乏共同之处，比如两个民族在资产积累上，都推崇节俭。但不同的是，节俭并不是犹太民族最主要的资产积累方式。稍微了解点犹太人历史的读者都知道，经商虽然使犹太人获得了大量的财富，但也成为他们新的"罪恶之源"。财富和智慧，成为他们受到敌视、遭受迫害的主因。

所以，对于多灾多难的犹太民族而言，未来永远是难以预料的，在这种情况下，他们更加相信金钱的保障。是的，犹太人随时可能一无所有，但是只要一有喘息的机会，他们总是会最快地变得富有。其资产积累能力，让全世界叹为观止。

"赚钱不难，用钱不易"是犹太民族对资产的独到看法。如何做才能管好自己的财富呢？犹太人认为这就必须从内部的财务管理开始，一方面明晰制度；另一方面以和为贵，避免强烈的矛盾冲突。

其实，不论做什么，犹太人都一直很注重"和气"二字，也就是我们中国古话说的"和气生财"，也即"家和万事兴"——只有内外的人际关系都处理得顺顺当当，生意才会兴旺。因此，要想管好更多的钱，必须从管理人际关系开始，而管理人际关系又要从"以和为贵"做起。

需要指出的是，犹太人的资产管理之道，并不是"和稀泥"，而是清晰而明确的财产处理之道。犹太小孩从小懂得的最重要两件事：一是劳动；二是金钱。比如说，孩子每天在院子里锄草，父母会给 10 美元报酬；如果早晨起早拿了牛奶，会得到 2 美元。这种同工同酬的观念，使他们在现代资本主义社会的一个重要方面——劳资关系也做出了开拓性的，甚至革命性的贡献。

有 1/4 犹太血统的马克思在《资本论》中，抨击资本主义国家的资本原始积累的源泉是剩余价值，即工人的劳动成果，并提炼出了著名的剩余价值理论。马克思看到，在扩大再生产的过程中，资本家不断地无偿占有剩余价值，并利用它扩大资本的规模，同时也扩大对工人的剥削，并继续榨取更多的剩余价值。因此，马克思说："资本来到世间，从头到脚都流着血和肮脏的东西。"

其实，犹太民族认为，那种想挣大钱，又只知道让手下拼死拼活干的人，都是因为不知道"和"跟"善"这两大最基本的资本积累和扩张的法宝。犹太民族的慈善铁律，也是他们积累财富的热情来源。没有哪个民族像犹太人一样，把慈善事业融入民族性当中。2000 多年前犹太民族就把"捐献 1/10 的收入"列为"上帝的法律"，即使在大流散岁月也从未中断。根据

《福布斯》统计，美国最富有的 40 名富豪里，45%的是犹太人，而他们的慈善热情也大大超过其他民族。

> 　　洛克菲勒还以自己名字命名了"洛克菲勒基金会"，这个基金会把主要投资放在医疗教育和公共卫生上面，是世界上最大的慈善机构之一。
> 　　洛克菲勒还让自己的孩子尽可能地把钱花在那些需要它的人们身上。事实上，他的孩子一直秉承他的愿望，整个洛克菲勒家族的捐款和赞助达到了 10 多亿美元。

　　没有高超的资产积累能力，又如何能达到如此大幅度的慈善事业？高级专家沃尔沃曾说过这么一句话："追求利润并不是主要期望，重要的是怎样把手中的资产用活，发挥它的威力。"这个道理，对于富有积极上进心的企业人来说，相信再明确不过了。

财务知识小贴士

无形资产：

　　"无形资产"是与"有形资产"相对应的一个概念，指的是诸如企业的经营理念、管理方法、服务水平、产品信誉、企业形象等。这些也是企业发展的基础，而且是企业在市场上立足的根本。

跳涨的导火索——资产营运能力

推进资本运营战略，首先是要加大开拓外部市场的投资力度，整合内部现有资源，集中有限资金。其次是要牢固树立投资讲回报的观念，落实资本回报责任主体，优化资本结构，降低资本运营成本，提高资本运营效益。最后是建立并完善投资项目的事后评价和责任追究制度，组织专家对项目运行情况进行全面评价和系统审计，促进项目投资效益不断提高。

——笔者

稍微对新闻摄影略有涉猎的人，都不会不知道普利策奖。在报界，普利策奖所具有的魔力简直难以解释。虽然目前报界至少有超过300种名目众多的奖项，但是都没有普利策奖那么有威望。

年轻的匈牙利犹太人普利策，从两手空空到腰缠万贯，是一位做无本生意而成功的典型。普利策刚起步的时候，是一个一无所有的小记者。几年后，他靠着一点微薄的工资积蓄，低价收购了一家经营不善的报纸——《圣路易斯快报》。普利策自办报纸起，资本就严重匮乏，但他非常善于借用别人的力量。靠着使用别人的资金，很快就渡过了难关。

普利策能够借力，跟他准确的市场决策力有关。19世纪末，美国经济兴旺发达，很多企业为了加强竞争，不惜投入巨资做广告以宣传产品。普利策从中嗅出商机，他的报纸以经济信息为主，加强广告内容。此外，他还利用客户预交的广告费，作为报纸正常出版发行的保障。他的报纸发行量越多，广告也就越多，这样，他的收入便进入良性循环。

不久，普利策成了美国报业的巨头。

犹太人经商，很重要的秘诀是"不作存款"。他们有钱也不存入银行生利息。在 18 世纪中期以前，犹太人还热衷于在放贷业务中谋取高利。19 世纪后直至今天，犹太人依然不肯把钱存入银行，而是只愿把钱用于回报率高的投资或买卖。

著名的美国通用汽车制造公司的高级专家赫特曾说过这样一段耐人寻味的话："在私人公司里，重要的是把手中的钱如何用活。"

如何才能把手中的钱用活呢？这似乎已经成为犹太人经商的一门大学问，他们运作的变钱术是现金运转。犹太人这种"不作存款"的秘诀，是一门资金管理科学。因为对犹太人来说，"不减少"正是"不亏损"的最起码的做法。想借助银行存款求得利息，是不太可能获得利润的。

> 1968 年，具有"银座的犹太人"之称的日本商人藤田田，访问了美国服饰用品商狄蒙德先生。当时，参观狄蒙德的现款保险柜时的经历给藤田田留下很深的印象。藤田田先生回忆说："狄蒙德先生领我到银行地下室放置保险柜的昏暗地方，找开了装满现款的保险柜。我十分惊讶地发现保险柜里装着现行的各种纸币，也有五六年前的各种旧币，还有金块，约合日币二三十亿元。如此巨大的财产，狄蒙德先生却十分放心地置之于此。因为银行是个极其安全的地方，有一流的安全防卫措施，专门的防卫人员，把现款托放于此，当然可以高枕无忧了。"

我们每个人都知道，银行存款能产生利息，而现金是不会产生利息的，为什么素以精明著称的犹太人宁可守着一堆现金，而不愿把它放在银行让它"生子繁殖"呢？

事实上，犹太人的账是这么算的：银行存款的确可以获得一大笔利息，但是物价在存款生息期间不断上涨，货币价值随之下降，尤其是存款本人死亡时，尚需向国家缴纳遗产继承税。因此，手持现款时，即使不投资，资产水平也是既不增多，也不减少。更何况，犹太人一直都是投资高手。

俗语讲："有钱不置半年闲"，这是一句很有哲理的生意经。它讲明做生意要合理地使用资金，千方百计地加快资金周转速度，减少利息的支出，使商品单位利润和总额利润都得到增加。

相信许多企业老总和财务经理都明白这个道理，但并不一定每个企业都会这样运用。一般我们常看到的情况是：公司一旦略有盈余，走上了一个小平台，管理层便不再像创业时那样有冲劲有锐气，他们多少会担心，手里的钱因投资失败而化为乌有，所以往往选择存到银行，以备不时之需。虽然，确保资金的安全乃是人们心中合理的想法，但是在当今飞速发展、竞争激烈的经济形势下，钱应该用来扩大投资，使钱变成"活"钱，来获得更高的利益。

犹太人非常善于分析市场走势，而且一直热衷把钱投向回报率高的项目。他们算过一笔账，如果把钱存入银行，年息最多也不过10%左右。而把钱投入做生意或生产项目，如果利润回报率为10%，一年滚动周转4次，就可获得40%的增值。所以，犹太商人乃至普通百姓，一般不会把钱存入银行。即使一时未寻到有利的投资目标，他们宁可拿着现金，等待投资时机。

做生意总得要有资产，但资产总是有限的，连世界首富也只不过百亿美元左右。大企业一年做几百亿美元的生意，企业本身的资本可能只不过几亿或几十亿美元。这是靠采用资本运营的能力，利用资本的快速周转带来的营业额。一个企业有没有良好的运营能力，很重要一条就是看能否以较少的资金做较多的生意。

具体来说，反映企业资产营运能力的指标主要有流动资产周转率、存货周转率和应收账款周转率（见表4-6）。

表4-6 资产营运能力指标

资产营运的指标	定义	用处	计算公式
流动资产周转率	企业的营业收入与流动资产平均余额的比率	衡量企业流动资产的使用效率	流动资产周转率=营业收入/流动资产平均余额
存货周转率	企业的营业成本与存货平均余额的比率	衡量企业的营销能力和存货的周转速度	存货周转率=营业成本/存货平均余额
应收账款周转率	企业的赊销收入与应收账款净额平均余额的比率	衡量企业的应收账款的变现速度	应收账款周转率=企业的赊销收入/应收账款净额平均余额

从事经营，风险是时刻存在的。营运能力反映企业资产利用的效率，营运能力强的企业，有助于获利能力的增长，进而保证企业具备良好的偿债能力。企业的管理者应该进行营运能力的分析，以便及时了解和掌握本企业的资产经营和利用效率情况。

古人讲："福兮祸所伏，祸兮福所倚。"在资产运营中，盈利是与风险永远并存且成正比的。犹太人的化险为夷之道，就是规矩。比如，规定交易必须订立合约，一切按合约条款办事。他们绝不做那些以言代约，随随便便的

"君子协定"买卖。犹太人有一句谚语说："老子与儿子也不能相信，只相信自己。"这一点，在被称为中国犹太人的浙江商人身上，体现得最为明显。

财务知识小贴士

营运能力分析包括短期营运能力分析和长期营运能力分析：

短期营运能力分析也称为流动资产营运能力分析，主要用下面三个财务指标反映：应收账款周转率、存货周转率、流动资产周转率。

长期营运能力分析，主要用两个财务指标反映：固定资产周转率和总资产周转率。

经营中风云变幻的玄机——透视资产周转率

> 商业就是时间的竞争，切勿被隐形的时间
> 杀手所谋害。学会合理有效地安排时间，这是
> 商人最大的智慧。
>
> ——《财富圣经》

作为有着"中国犹太人"之称的温州人，经过二三十年的财富积累，所掌握的民间资本已有 6000 亿元之巨。

国人注意到温州民间资本的威力，最早是由炒房开始的。2001 年 8 月 18 日，第一个温州购房团共 157 人浩浩荡荡开赴上海，三天买走了 100 多套房子，5000 多万元现金砸向上海楼市。同时，另一支购房团前往杭州。随后几年，约 2000 亿元温州的资金投向各地房地产，其中北京、上海两地集中了 1000 亿元。此外，温州资本还先后大举进入了杭州、青岛、重庆、沈阳等城市。不论是一线城市还是二线城市，只要是温州炒房团所到之处，当地房价必然狂飙。一时间，"温州炒房团"广为人知，备受关注。

对于炒房的是非，不是本书讨论的方向，我们要分析的是，温州炒房团几乎有个共同的特点，就是资金周转非常之快。

浙商的民间借贷极发达，温州炒房团也不例外。温州人炒房之初，大多数人是靠做小生意积攒下的一点辛苦钱，加上亲戚朋友之间的借贷，才开始走上炒房之路的。他们炒房的铁律就是快进快出。

"抱团"是浙商的投资特色。百来号人的炒房团浩浩荡荡，以"私募"的方式去各地炒房。那些熟悉的一帮人汇集一批资金，购买若干套房子，盈亏按照出资比例划分，差旅费也以同样的方式分担。因为形成规模，所以炒房团很容易在短时间内拉高当地房产价格。在此之后，一部分做短线的温州

人会迅速将房子抛出。这个时候他们获利已经非常可观。归还第一次借贷的资金后，他们会继续借贷，再以更多的资金投入，做更大的楼盘。

有一个事实非常能够说明温州人对于资产周转率的重视：投资的时机稍纵即逝，为了保证在准确的时间内获得需要的投资资金，20世纪90年代的浙商很少使用银行贷款，而宁可选择有风险的民间借贷。无他，快速也！那个时候的银行贷款需要很多繁复的手续，等钱贷到手，商机早过去了。2000年后，全国的贷款制度和速度都有大的改善，民间借贷之风才渐渐弱了。

在财务管理中，资产周转率是衡量企业资产管理效率的重要财务比率，它在财务分析指标体系中具有重要地位。这一指标通常被定义为收入与平均资产总额之比。因此，其计算方式与资产收入率相同。资产周转率可以分为：总资产周转率、流动资产周转率、固定资产周转率和净资产周转率（见表4-7）。

表4-7　资产周转率分类及其计算公式

资产周转率分类	计算公式
总资产周转率	总资产周转率=总周转额（总收入）/平均总资产×100%
流动资产周转率	流动资产周转率=收入净额/平均流动资产总额×100%
固定资产周转率	固定资产周转率=收入净额/平均固定资产净值×100%
净资产周转率	净资产周转率=销售收入/[（期初净资产总额+期末净资产总额)/2]×100%

在全部资产中，周转速度最快的应属流动资产，因此，全部资产周转速度受流动资产周转速度影响较大。从全部资产周转速度与流动资产周转速度的关系，可确定影响总资产周转率的因素如下：

总资产周转率=（销售收入/平均流动资产）×（平均流动资产/平均总资产）=流动资产周转率×流动资产占总资产的比重

可见，总资产周转率的快慢取决于两大因素：一是流动资产周转率，因为流动资产的周转速度往往高于其他类资产的周转速度，加速流动资产周转，就会使总资产周转速度加快，反之则会使总资产周转速度减慢；二是流动资产占总资产的比重，因为流动资产周转速度快于其他类资产周转速度，所以，企业流动资产所占比例越大，总资产周转速度越快，反之则越慢。

有一个现象很值得重视，往往企业发展到一定规模时，就会陷入一种"怪圈"：效率下降，资金周转减速。这种现象轻则影响企业正常运行，重则造成资金链断裂。

> 如某个企业连续亏损促使公司资金紧张，现在盘面资金短缺，公司运转出现不健康现象。由于经营不善，银行和股东们也对公司失去信心，因此公司难以得到外来资金的支援，加剧了资金紧张程度。
>
> 这个时候，企业主或者会把自己的固定资产拿去抵押，希望靠贷款研发新项目。如果在新项目还未获利，而银行还款时间已到，又无处再可拆借，这个企业就面临资金链断裂，这时，银行就会拍卖抵押资产抵债，公司也面临倒闭。

企业会出现资金链断裂的情况，其核心问题是企业缺乏管理财务风险和控制资金周转的能力。每个企业在发展初期，资金链总会存在这样那样的问题，但是不会太明显，只有当企业发展到一定的程度——江浙一带一般以3亿元产值为分界线，问题才会暴露出来。如果不认真应对，那么企业经营的风险性就会成倍增加。

需要说明的是，该指标不存在通用标准，因此，只有将这一指标与企业历史水平或与同行业平均水平相比才有意义。

财务知识小贴士

资产周转率小常识：

资产周转率过低，说明相对于资产而言销售不足，销售收入还有潜力可挖；

资产周转率过高，则表明资本不足，业务规模太大，超过了正常能力，该企业或组织有可能资金周转不灵，或者是处在债务危机之中。

企业可持续发展——净资产回报率的缔造

　　真正优秀的企业不是依赖优秀的企业家，而是依靠让企业家、经理人各司其职的企业运行机制。健全的企业运行机制，能使中小民营企业更换数代企业家而经久不衰。

——詹姆斯·柯林斯

　　沃尔玛上市 30 多年来，一直保持超高的净资产收益率，1970~1995 年常常超过 25%，其投资回报率只落后于西南航空和巴菲特。

　　2008 年，沃尔玛的股东权益资本总额是 2000 年的 2.5 倍，增幅略高于总资本增幅。在这四年的发展过程中，2006~2007 年的增幅，对比往年有较大的提高。

　　何为"高"的净资产收益率？"高"实际上也是可以量化的，不过要跟个人的期望回报率挂钩。比如说，如果你期望 20% 的投资收益率，那净资产收益率就不能低于 20%。

　　企业的可持续发展，有两种途径：一是把净资产收益用于再投资，像沃尔玛把赚来的钱用于开新店，驱动利润和净资产的上升，最后驱动股价的上升；二是把利润分配给股东，这也是一种持续发展的标准。因为虽然经营的规模并没有扩大，但是企业的运作是良好的，巴菲特的喜诗糖果就是一例。

　　在 2007 年巴菲特致股东信中对喜诗糖果大加称赞，认为其是一个"Great"企业，但喜诗从 1972 年以来的净利润增长率并不高，大约是 8%。现在市场通常都用 peg 估值，一个增长率为 8% 的企业为什么会是卓越的呢？

　　巴菲特在 2007 年的信中说，"1972 年购买以来的税前总收益是 13.5

亿美元，而这一切最初投入的资本仅仅是 2500 万美元，增加的资本投入只是区区 3200 万美元，净现金流入 13.18 亿美元"。喜诗糖果的业务特性决定了不可能大规模扩张业务，所以把利润分配给股东。

一个高股东权益回报率、低增长的企业合理价值堪比高增长企业。巴菲特知道有些企业的行业特质是可以全球扩张的，如可口可乐；有些企业扩张会减少内在价值，喜诗即是如此。喜诗糖果是一个区域性的企业，如果计划扩张到全美国、全世界，资本的回报率会下降，而且扩张中的变量甚多。这样喜诗的经营方针便确定下来，保持区域垄断优势，根据通胀率或略高于通胀率提价。

所以企业"Great"与否的关键，不在于是否保留利润，而是保持高的净资产回报率。沃尔玛和喜诗这两种形式都是"Great"企业。迄今为止，我还没有发现哪个保持高净资产收益率的企业，利润和净资产会不出现大幅增长，也没有发现利润持续 4~10 年大幅增长的企业，净资产收益率会低于 10%。

企业的财务分析包括方方面面，很多内容都无法量化，令财务新手难以把握。但是，财务分析的真正目的，就是把纷繁复杂的财务现象，简化成一个核心的理论。如果只允许拿出一个指标来衡量企业的运营程度，那个指标只可能是净资产回报率。就是说，一个企业，如果可以保持高的净资产收益率，就是一个可持续发展的企业。

利用净资产收益率来分析企业的可持续发展，可以帮助我们节省大量时间。进行企业财务分析时，先看企业净资产收益率：低就说明基本上不是好企业，高的话则要分析其是否能保持这个高度的净资产收益率。然后再进一步就要看净资产收益率变化的趋势，通过净资产收益率的变化趋势，来抓住企业的基本变化趋势。

财务管理是一种知识，也是一种能力，更是一种智慧。合理运用财务管理智慧，能帮助企业认清财务趋势，合理规避财务陷阱。犹太人被誉为世界上最注重知识和智慧的民族，他们的财富积累，跟他们对智慧的重视分不开。

犹太人认为，金钱和智慧两者中，智慧比金钱重要，因为智慧是能赚到钱的智慧，也就是说，能赚钱方为真智慧。这样一来，金钱成了智慧的尺度，智慧只有融入金钱中，才是活的智慧；钱只有融入智慧之后，才是活的钱。活的钱和活的智慧难舍难分。

财务知识小贴士

78：22之经商法则：

"78：22之经商法则"是犹太人千百年来经商经验的精华和千锤百炼的公理。

比方说，世界上放款的人和借款的人比例大致是78：22；一般人和富翁的比例大致为78：22，因为有钱人毕竟是少数；22%的富人占有了78%的财富，78%的穷人占有了22%的财富……

第五章　如何用别人的钱赚钱

——负债是另一种资产

避险投资的需求——认清企业负债

> 我所做的，就是创办一家由我管理业务并把我们的钱放在一起的合伙人企业。我将保证你们有5%的回报，并在此后我将抽取所有利润的50%！
>
> ——巴菲特

20世纪90年代初，我的一位朋友辞掉教师工作，借了300元，和另一位同学闯荡北京，在某公司做推销员。一年后，他挣了5万元。

有一天，他办事路过前门大街，在一座三层楼前，被一则招租启事所吸引。启事说，产权拥有者欲将这幢破旧的三层楼出租，年租金40万元，租金一次性交清。前门是北京最繁华、客流量最大的地段之一。在这地段拥有一个店，就意味着拥有一棵摇钱树。我朋友看中了这幢楼，但他被昂贵的租金、苛刻的付款方式难住了。

他手里只有5万元，而且北京也没有有钱的朋友能够借贷。他就想了个办法，最终盘下了这幢楼。他首先找到房主，把5万元交给房主作为定金，租下来这座空楼，他与房主签订协议：45天内，交齐年租金40万元，否则房主可以没收定金。

> 然后，他找到一家装修公司，凭着租房协议，跟装修公司签订装修协议。协议规定装修公司在 20 天内，按设计思路把房子装修一新；45 天后，一次付清装修费。接着，他拿着两份协议，与 5 家商铺签订赊销协议，以赊账的方式购置了地毯、桌椅、厨房用具、卡拉 OK 等设备。装修后的楼房显得很气派。
>
> 此时，这位朋友四处张贴招租广告，在不到 20 天的时间内，有 20 多位商家前来洽谈。最后，他以 140 万元的价格，将这幢楼转租了出去。他不仅还清了欠款，交足了租金，自己还净赚了 30 万元。

这位朋友的经历说明，合理地使用负债，用别人的钱来赚钱，是现实的。但是，负债是一门学问，这位朋友的成功跟他周密的分析和有步骤的实施是分不开的。只要有一个环节出问题，他就将面临资金链断裂的困境。

每个企业都或多或少地持有债务资金，但为什么要"举债筹资"，人们的认识就未必正确了。如担心负债过重，使企业受到不必要的损失，因而放弃可以充分利用的借债机会，减少了企业的收益等。事实上，一个企业的经营要受到财务杠杆作用的影响，举债筹资的目的就在于获得财务杠杆的使用效果。

使用债务资金，可以调节企业的投资收益率。投资收益率特指企业自有资金的投资收益率，即企业的税后利润与自有资金的比率。投资收益率越高，其经济效益就越好。每个企业都是将获得较高的投资收益率作为经营目标。由于使用债务资金的特点是既可以给企业带来收入，又需要企业支付一定的成本，所以当收入大于成本时，其差额就为企业增加的利润，投资收益率亦相应提高。反之，如果收入小于成本，其差额就为企业减少的利润，投资收益率亦相应降低。

财务风险是企业经营中一个十分敏感的问题，一般是指企业可能丧失偿还债务的能力。企业一旦不能偿债，就意味着财务状况陷于困境，甚至造成企业破产。

风险的由来是企业吸取的债务资金，随着借款、债券、租赁等债务资金在企业资金结构中的比例提高，企业需要支付的费用和归还的债款将会增加，结果会使企业无力偿还的可能性增大。因此，盲目借债对企业是有害的。但是一个经营中的企业不可能不负债，而且由于财务杠杆的影响，适度运用债务资金可以增加企业的收益。如果为避免风险而放弃任何债务，这种因噎废食的做法同样是不可取的。

如何适当运用财务杠杆，平衡负债和风险，是企业财务管理者必须思考的课题。

图 5-1　财务杠杆的作用

筹集充足的资金，对企业经营是十分有利的，但不可避免地要担负其成本，从而限制了企业的筹资能力，企业不得不在这两者间进行权衡，希望能以最小的代价筹集到需要的资金。将这种愿望付诸实施是对财务人员起码的要求，而且在一定条件下，也是完全可能做到的。

由于风险事件本身具有的不确定性，在一般情况下，当报酬率相同时，经营管理者会选择风险小的项目；当风险相同时，经营管理者会选择报酬率高的项目；当风险大报酬高的时候，就要看报酬是否高到值得去冒险，以及经营管理者对风险的态度。因此，在实际工作中，企业一般多角筹资，通过合理安排资本结构，适度负债来控制财务风险，实现财务管理目标。

不负债的企业不能称为最佳企业，至少这类企业在人们的心目中比较保守，不具开拓性，由此决定企业的价值不会达到最大。所以，一个经营良好的企业，一方面，应该为得到负债利益而或多或少地负债，这样才能使企业的价值增大；另一方面，企业自身也应努力使负债比率维持在一个合理的水平上。

衡量企业负债比率合理与否的标志，是企业不会发生还本付息的偿债危机，且融资成本最低。换句话说，企业应在不发生偿债危机的情况下，尽可能选择更高的负债比率。这样的负债比率不仅能保护债权人利益，稳定市场秩序，而且能使企业和所有者的风险较小而利益较大，这是一种风险和成本相称、中和的负债比率，也是企业应寻求的负债比率。

当企业的负债既能为企业周转资金带来方便，又能及时偿还时，这样的负债规模是最可取的。同样，负债的结构也很关键，如果忽视了负债的结构，那么就会给某一方面负债的偿还造成不容易缓解的压力。

财务知识小贴士

财务杠杆：

财务杠杆是指使用债务资金可以调节企业的投资收益率。在这里，投资收益率特指企业自有资金的投资收益率（股份制企业则可用每股收益表示），即企业的税后利润与自有资金的比率。

压不倒的魅力——企业偿债能力

> 君子爱财，取之有道。视之有度，用之有节。
>
> ——《增广贤文》

有借必有还。既然现代企业合理负债是财务运营必不可少的一个环节，那么作为企业的经营者及投资者，分析企业的偿债能力就是一个必需的财务管理环节。

判断一个企业的偿债能力是好还是坏，单凭分析反映企业偿债能力的指标是不够的，必须与获利能力、现金流量指标相结合，这样才能反映企业实际的偿债能力。

企业偿债能力包括短期偿债能力和长期偿债能力两个方面（见表5-1）。

表5-1　企业偿债能力

	短期偿债能力	长期偿债能力
定义	企业以流动资产偿还流动负债的能力	企业偿还长期负债的本金和利息的能力
用处	是衡量企业当前财务能力，特别是流动资产变现能力的重要指标	是衡量企业长期发展的财务能力，特别是能够不断发展并盈利的重要指标
衡量指标	流动比率、速动比率和现金流动负债等	净资产收益率、销售净利率、总资产收益率、获取现金流能力等

长期偿债能力不等于偿债能力。如果说，一个企业的长期偿债能力很强，这并不代表这个企业的偿债能力就一定很强。因为，在短期偿债能力很弱的情况下，企业就会被迫通过出售长期资产来偿还短期债务，严重时就可能导致企业破产。相反，如果一个企业虽然具有较充足的现金或近期变现的流动资产，但是企业的长期偿债能力很弱，这将导致企业缺乏更多的资产进行长期投资，使企业的经营规模难以扩大，盈利水平难以提高。

表5-2是沃尔玛的长期偿债能力分析表。

表 5-2　沃尔玛长期偿债能力分析

名称	单位	2008 年	2007 年	2006 年	2005 年	2004 年	2003 年
债务总额	百万美元	98906	90014	85016	70758	55348	44515
资产负债比率	倍数	60%	59%	62%	59%	58%	58%
产权比率	倍数	1.53	1.46	1.59	1.43	1.41	1.73

从表 5-2 可知，沃尔玛的负债总额，由 2003 年的 44515 百万美元，上升到 2008 年的 98906 百万美元，涨幅 2 倍多。最近十年来，沃尔玛的资本负债率，基本都维持在 60%附近做小幅浮动。跟西方财务理论设定的良好长期偿债能力的标准值——50%相比，沃尔玛的长期债偿能力偏弱。

但是，标准值不是绝对值。沃尔玛的高负债，正是其充分运用财务杠杆支持自身高速发展的成功案例。正如鱼和熊掌之不可兼得，企业多项财务能力中，盈利能力、发展能力常常与偿债能力成反比。显然，沃尔玛更看重前者。对于一家有足够盈利并且不断发展的企业，其偿债能力是不能成为决定其成败的因素的。艺高人胆大，这就是企业债偿能力和获利能力综合体现的魅力！

在分析这个企业的真实偿债能力时，应结合企业的获利能力与企业获得的现金流量的能力考虑。在财务报表中，代表企业获利能力的指标主要有：净资产收益率、销售净利率和总资产收益率等。如果该企业没有稳定的经营现金净流量，那么其获利能力是值得怀疑的；反之，即使分析结果显示，此公司的获利能力指标反映一般，但是有稳定可靠的经营现金净流量作为保障，则可以认为该企业的获利能力可靠且可持续。

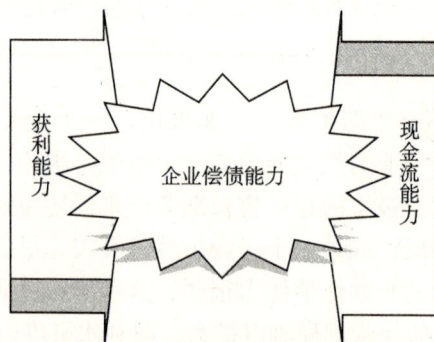

图 5-2　企业偿债能力相关因素

☺ **财务知识小贴士**

如何分析一个企业的偿债能力：

影响企业长期偿债能力的因素有企业的资本结构和企业的获利能力两个方面。

企业的资本结构是指企业各种资本的构成及其比例关系。

企业的获利能力直接影响该企业的长期偿债能力。获利能力越强，长期偿债能力就越强，反之则越弱。

清晰的投资线索——明朗的资产负债表

20~30 岁是人们努力挣钱的时候，30 岁以后投资理财的重要性逐渐提高。人到了中年时，赚多少钱已经不很重要了，这时候，如何管好钱更重要。

——李嘉诚

2008 年 8 月 19 日，在结束了一天的交易之后，东京证券交易所公开发表声明，让亚洲互动传媒公司最晚在 9 月 20 日退市。原因是该公司总裁崔建平挪用了公司资金，致使其会计师事务所拒绝为其 2007 年年报出具审计意见。

亚洲传媒姗姗来迟的 2007 年财务报告显示，由于发生了资金挪用事件，因此将公司的债务担保金计提 1416.4 万美元。而考虑到 CEO 辞职产生的后续影响，公司又对资产进行了重估，对 TVPG 业务的呆账计提 693.2 万美元，最终亚洲传媒在 2007 年度亏损 2930.3 万美元。

亚洲传媒是中国第一家登陆东京证券交易所的公司，但仅仅上市一年之后，即被交易所勒令退市。亚洲传媒的投资方红杉资本因此蒙受巨大经济损失。

日本媒体曾有评论称，亚洲传媒的问题，说明在个别中国企业家中，只是把公司上市当作是个人发财的机会，同时根本不知道公司上市意味着什么。

对于企业来说，合理负债是一种经营手段，也是企业和投资方互利"双赢"的必经之路。但是，综观近几年若干起重大的投资失败事件：PPG 张亮捏造 1 亿美元入股的神话后不久即出逃、分贝网涉及色情运营致使多名高管被捕、ITAT 资金链断裂大量裁员等，在财务问题上都有一个共同点。这个共同点就是：这些恶意融资的企业，最后东窗事发的切入点，几乎都是由于在财务报表上体现了企业的问题所在。比如会计师事务所拒绝为亚洲互动传媒的年报出具审计意见。另一个著名的企业——炎黄传媒，其CEO赵松青和投资方的矛盾，也暴露于苍白无力的业绩报表中。

谁说数字是沉默的？报表会说话！

企业在经营过程中所需要的资产，可以通过举债筹措资金来购置，也就是俗话说的用别人的钱来赚钱。企业举债形成了企业的负债，负债是企业当前所承担的义务。

没错，失去职业道德的会计的确可以利用资产负债表虚增获利，比如，如果企业预测到将来出现损失的概率极高，且损失金额可以合理作出评估，那么应该预先将估算金额认列为费用。

但是为了减少负债，进行会计操作的企业，也许即便对"未来债务"的高发性心知肚明，仍然不会预先认列相应准备金。如此一来，企业虽然能够将当前成本控制在一定范围内，但对未来损失的准备却明显不足。但是像这种报表，明眼人是很容易一眼就识破浮在数字表面的谎言的。

需要明确的是，企业预期在将来可能产生的债务，不能作为会计上的负债。比如，企业与供货单位签订的供货合同，企业不能将其作为一项负债。负债到期必须偿还，企业不能或很少可以回避，如果企业能够回避，则不能确认为企业的负债。

有多少资产是由负债构成的？

又有多少是由所有者权益构成的？

企业的负债虽然是企业借的或欠的，但使用权在企业手中，被欠方只是拥有者而已，并无使用权，只要负债没清偿，就表示资产没减少，所以负债理解为资产。这就不难理解，有些企业在资产上作假，大举借债，就会造成拥有很多资产的错觉。

通过阅读资产负债表，可以了解一个企业清晰的投资线索。那么，什么样的企业算是平淡经营，什么样的企业算波澜壮阔呢？这里就涉及资产负债率。资产负债率是指负债总额与资产总额的比率。通过资产负债率，可以检查企业的财务状况是否稳定。资产负债率的计算方式是：

资产负债率 = 负债总额 ÷ 资产总额 × 100%

现在，资产负债率已经成为判断企业负债水平及风险程度的重要指标。适当的资产负债率，不仅能使企业的债权人、投资人的投资风险减少，而且还能表明企业经营健康。总的来说，企业的资产总额应该大于负债总额，资产负债率应小于100%。如果企业的资产负债率在50%以下，则说明企业有较好的偿债能力和负债经营能力。

一般认为，我国理想化的资产负债率是40%左右。上市公司略微偏高些，但上市公司资产负债率一般也不超过50%。

不同的人从不同的角度，对资产负债率的要求也是不一样的。企业的经营者对资产负债率强调的是"适度"，因为负债率过高，风险就很大；反之，负债率偏低，会显得很保守。债权人则更容易倾向把钱投给那些负债率比较低的企业。因为如果某一个企业负债率比较低，钱收回的可能性就会大一些。

企业负债率只是一个基本范畴，就像人的血压标准值在120和80之间，但这并不等于说高出120或者低于80就一定不健康。我国的房地产业由于特殊的行业特色，特别是大型房企，资产负债率一直居高不下。

2010年11月9日，中国银监会调研60家大型房企集团的结果显示：有18家平均资产负债率超过70%；60家大型房企集团共有4266个成员企业，其中有64个成员企业的资产负债率已超过90%。

经纬行研究中心主任曾英杰表示，就8月份的统计情况来看，大部分房企的负债率在60%~80%，属于在可控范围之内。目前房地产市场还属于粗放型，大多房企采取的都是高负债高增长的发展方式。目前房企的资金、压力不是非常大。

其实，不同的国家，资产负债率也有不同的标准：如中国人传统上认为，理想化的资产负债率应该在40%左右。欧美国家普遍认为，资产负债率在60%左右的时候最合适。东南亚则认为可以达到80%。如果让一个犹太人来看待负债率，他也许会说：100%。因为在犹太人的经营理念中，没有什么是不能借的！

财务知识小贴士

挪用准备金：

　　某些企业会将一些准备金挪作他用，这是一种会计操作手法。挪用准备金正如同挪用早期预存的积蓄一样，虽然就增加获利而言，它可以起到立竿见影的效果，但也只能解一时之急。因此，在进行投资时，对于"营业额呈增长状态，准备金却相应减少"的企业，必须多加留意。

经理人的指南针——分析负债表的诀窍

现代企业经济活动分析要切实做到"四个转移"，即从感性认识转移到实际操作上来，提高分析水平；从分析客观原因转移到查找管理漏洞上来，提升管理水平；从分析问题转移到拿对策、想方法上来，提出针对性的控制成本措施；从单纯分析成本转移到分析经济技术指标上来，挖掘深层次管理潜力。

——作者

如果我问你："二加二等于几？"你的回答是什么？

A：等于四 B：多数时候等于四，也有可能是三或者五 C：等于任何数

答 A 的朋友：你适合记账，但是不适合做经理人；

答 B 的朋友：恭喜你，你是个非常合格的经理人，而且有做财务经理的天赋；

答 C 的朋友：如果你现在处在管理层，那么你比较需要一些基础的财务知识。不过别担心，因为这正是本书的使命。

随着现代经济的发展，那种简单地把财务理解为"账房先生"的传统观念早就过时了。事实上，财务在现代企业中是最丰富多彩和最具挑战性的管理内容，而且对知识面的要求是最广的。

麦当劳的培训师曾经这样形容其管理体系：麦当劳的形象代言人是麦当劳叔叔。他的两条腿就是发展部或产地部，它们找到店址，是公司发展的基石。他的两只手就是市场部，负责推广、促销活动。而大脑就

是财务部。大脑是信息交汇的中枢，人获得的所有信息集中到大脑，再由大脑处理来做出反应。企业的经济信息则汇总到财务部，再形成各种财务报表，产生各种分析，供 CEO 做决策。CEO 就是食指，轻轻一点，做出决定。

在这里，有一个关键词，叫做"分析"。换句话说，面对财务报表，还得会分析。

一般的经理人会比较热衷于看损益表，因为损益表直接反映出的利润数字显然更吸引人。但是如果你想更深更全面地了解企业的健康状况，那么对资产负债表的分析就是必不可少的。它可以告诉你，企业是否"超重"——有没有欠银行和供应商太多钱；企业是不是"贫血"——账面上的现金和现金等价物是否过低；以及企业的新陈代谢是否正常——存货和应收账款周转速度是否合理。

如果企业的财务状况不健康，那么这家企业就失去了提供业绩持续增长的基础。哪怕当前的业绩再出众，也不能给予投资者充分的信心。只有那些拥有一张强健资产负债表的企业，其发展的前景才充满希望。

经理人通过分析资产负债表，可以揭示企业资产的总规模及其具体分布形态，以此评价企业的短期偿债能力和长期偿债能力，并可以对企业财务状况的发展趋势作出判断，最后对企业的财务状况和经营成果作出恰当的整体评价。

在资产方面，目前海内外的投资人及证券主管机关，都十分重视"资产减值"的问题。简单地说，就是担心企业不愿承认部分资产已不再有价值。因为承认的后果，往往代表公司当期必须提列巨额损失，这必然影响企业的绩效。

至于负债方面，最需要注意的是：企业刻意将部分负债项目转变成"隐藏性负债"，使投资人看不到这些负债对公司可能造成的杀伤力。

2009 年 8 月，据中国香港文汇报援引中国台湾《商业周刊》的报道：如果把"中国台湾"当成是一家公司，资产逾 8.5 兆新台币，负债竟然高达 14.5 兆新台币：资产比负债还少了近 6 兆新台币。换言之，中国台湾已经被宣布破产。

中国台湾怎么会有这么大的一笔债呢？报道称，第一部分是"账面上"的债，也是当局对外公布的债务，以及累计债务，这主要是历年来"政府"入不敷出、不断发行公债的结果，这部分就超过4.5兆新台币。

惊人的是，账面上没有显示的巨额"隐藏性负债"，这些"政府"未揭露的潜在负债，据"立法院"预算中心最新估计，起码近9兆新台币，包括军公教人员退休给付义务，公、劳、农保亏损及潜在负债、各种非营业基金的长期负债等。

在对所有者权益的分析上，总体上分析时要进行总量判断和结构判断。总量判断可从这个企业的资产中有多少是由股东的资金构成的，如果这个比率很小，说明企业濒于破产。

结构判断包括实收资本、资本公积、盈余公积和未分配利润。前两者来源于外部的资本投入，说明企业外延扩张的能力；后两者源于内部的资本增值，即留存收益，说明了企业经营者的保值增值能力，代表了内涵式的扩大再生产能力。

如果一个企业的营收和获利能保持高度的稳定性与持续性，我们就说它拥有高的"盈余品质"，而"盈余品质"就是竞争力最具体的展现。

总之，进行报表分析不能单一地只针对某些科目进行关注，而是应将各种项目一起进行综合判断。除此之外，还要进行宏观经济上的判断，比如，跟公司历史进行纵向深度比较，与同行业进行横向宽度比较。期间要舍弃偶然的、非本质的东西，以得出与决策相关的实质性的信息为目的，最终保证决策的正确性与准确性。

财务知识小贴士

由负债比例看企业财务风险：

公司营运状况不佳时，短期负债、长期负债及负债比率不宜过高。此外，可以用长期资金（即长期负债与净资产之和）对长期资产（固定资产、无形资产、长期投资）的比率检测长期资产的取得是否全部来源于长期资金。若比率小于1，则表示公司部分长期资产以短期资金支付，财务风险加大。

第六章　谁能动你的奶酪

——别忘了还有股东权益

那是谁的钱——所有者权益

> 中国创业者的共同问题是心态浮躁。做企业想的是上市、圈钱，想的是他要买奔驰买大 House，而不是想要创造价值，不想要对得起投资人、社会、员工。ITAT 和 PPG 犯同样的问题。
>
> **——分众传媒前 CEO 谭智**

2008 年中，深圳银行业向有第一担保之称的中科智，发出了担保禁入令，即从企业贷款、个人贷款两个层面限制中科智新的贷款担保。

这件事情的起因，"是外方股东发现张锴雍将公司部分资金挪用，而且是当初各方明确规定不能进入的领域。因此外方股东要求张锴雍对资金去向做出明确解释，后来就发展到外方持有人通过法律途径对张锴雍发出单方强制令，强制其向中科智担保集团通报资产状况。"广东担保业界一位权威人士表示。

能够令外方股东不惜诉诸法律强制张锴雍向董事会报告资金去向，资金挪用规模必然非同小可，外方股东对于这一事件的定义措辞强硬，认定中方存在"欺诈"行为。此事被称为中科智"欺诈门"事件。

随着外资股东不信任案，中科智缘于规模膨胀之后的内部管理问题集中暴露。据统计数据显示：在 2008 年 10 月底维尔京中科智发布的中报中，中科智上半年亏损高达 11.75 亿元，主要原因是为其 153 亿元的担保余额提取了 14 亿元的损失拨备（2007 年拨备额为 1644 万元）。

中科智的资本抽逃行为也被披露。2009 年 5 月份起，一家博客开始陆续披露中科智的资金内幕。据称，中科智旗下公司的资本金一直存在验资后抽逃的行为。总计 32 亿元资本金中，除了外资股东和债券持有人投入的 2.1 亿美元是真金白银外，其他大多为虚构。

担保企业不还款案、合作银行不信任案。外资撤资之忧、资金压力之大以及金融危机下的银企链条收紧……重重劫难，中科智险遭灭顶之灾。

虽然到了 2009 年 7 月后，靠着政府力挺和自身努力转型并以股抵债，中科智在四面围城的情况下，终于杀出一角，逐步为自己"消劫"。但是中科智的问题，确实暴露出我国部分企业家的商业诚信问题。想当初，中科智作为中国担保第一品牌，获得亚洲开发银行、花旗亚洲企业投资公司、凯雷投资集团、GE 商务融资集团等外资巨头投资时，是何等的风光！想不到三年的光景，就落到外资股东委派董事集体辞职、各家银行集体限制为其担保的地步。

有些企业创业者只是想圈钱，而不是想做大企业。他们设计商业模式是基于能融来多少钱，钱烧光了，新的钱又来了，烧到正好上市。但万一上不了市呢？其实只要追问一个最简单的问题：假如没有上市，你能不能活下去？答案在里面了。

《企业会计制度》对所有者权益的定义：是指所有者在企业资产中享有的经济利益，其金额为资产减去负债后的余额。通过上面章节对资产负债表的讲解，我们知道所有者权益包括实收资本、资本公积、盈余公积和未分配利润。

一个企业能否保障所有者权益，可以看出这个企业的经营者是否把企业的利益置于个人利益之上。他是拿着投资方的钱去宣传打造自己，还是踏踏实实用来做企业。法律条文防君子，但防不了小人。

为保障所有者权益，树立正确的资产负债观很重要。左右企业竞争力的因素，归根到底是人的问题。企业可以以提高资产利用效率为手段，不断深化资金、资产管理。具体可以通过以下方法落实（见表6-1）。

表6-1　企业保障所有者权益的方法

实施方法	具体内容
抓筹措保重点	加大银行承兑汇票转让力度，增加票据融资规模
	优化贷款结构，争取优惠贷款额度
	有效降低利息支出，减少财务费用
抓运作保指标	研究解决结算滞后问题，加快结算速度，减少资金占用
	加大资金清理力度，全面清理各种往来账目
	加强资金运营分析，确保完成各项资金管理指标
抓监管保安全	严格资金"收支两条线"管理，杜绝坐收坐支
	强化资金支出控制，规范资金支付审批程序，跟踪大额资金流向
	完善落实境外资金管理制度，清理银行账户，强化外部资金监管
抓优化促效益	加强对生产设备使用状况和创效能力分析
	根据经营需要，调整优化资产结构，确保资产使用效能最大化
	抓好各类闲置、废旧资产处置工作，提高综合经济效益
抓整顿防流失	抓好清算及资产处置工作，对清算收益要足额收回
	规范资产清查、审计、评估程序，明确各职能部门责任
	对中介机构出具的资产审计、评估报告严格审核，防止资产流失

😊 **财务知识小贴士**

企业财务管理的目标：

企业财务管理的目标是实现三个最大化，即企业利润最大化、所有者权益最大化和企业价值最大化。

老板的蛋糕——资本和创业

> 虽然每个人都有可能成为创业者，但是创业精神可不是人人都具备的。
>
> ——罗伯特·T.清崎

巴菲特建议中国企业，对于自己所了解的一切，可以画一个圈把它们囊括进来。重要的并不是你这个圆圈有多大，而是你对这个圆圈里的企业是不是真正地有很透彻的了解。他也非常赞赏那种自己的圆圈画得很大，而且能够深入了解圆圈中企业的投资者。

同时，在这个大圆圈当中也应该画一个小圆圈，这个小圆圈代表的就是非常出色非常卓越的企业。当然在你所了解的企业当中，并不是每家企业都是业绩很优秀的企业。所以，另外再画一个圆圈，用来代表那些拥有杰出管理者的企业。

还可以再画第三个圆圈，用来代表价格很优厚的企业。所以要进行投资的话，就应该选择这几个圆圈的交集，也就是它拥有出色的业绩、拥有很优厚的价格，而且拥有很出色的管理人才。

巴菲特的圆圈理论，简单地说，就是"少即是多"。不在乎懂的事情是否多，但是对深入了解的事情，投入应该大。你在最懂的事情上投入是否非常大，决定你的最终收益。投资不是在"是"与"非"之间做选择，而往往是在"大概是对的"与"也许是错的"之间做选择。因此，宁要大概的正确，也不要准确的错误。

一旦提到创业，必然就联系到资本。创业资本跟一般的资本还有所区别。所谓创业资本，就是指由专业机构提供的投资于具有增长潜力的创业企业并参与管理的权益资本。其特征见图6-1。

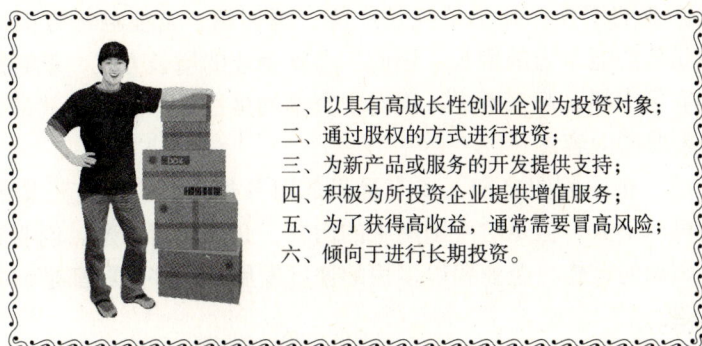

一、以具有高成长性创业企业为投资对象；
二、通过股权的方式进行投资；
三、为新产品或服务的开发提供支持；
四、积极为所投资企业提供增值服务；
五、为了获得高收益，通常需要冒高风险；
六、倾向于进行长期投资。

图 6-1　创业资本特征

一切投资都是为了赢得资本增值，创业投资赢得高资本增值的奥秘就是"欲速则不达"。希望集团的总裁刘永好说："我们没有进入世界 500 强的计划，脚踏实地做好就是进步。在这个过程中，一步一个脚印是最重要的，任何妄图一步登天的想法都是侥幸心理，不可能帮你实现目标。"

创业投资家把创业过程分为五个步骤：种子期—起步期—扩张期—成熟前的过渡期—重整期，每一步都有其自然的发展规律。就像我国古代拔苗助长的故事一样，创业过程也是一个生长的过程，不同的企业有不同的 DNA，它的 DNA 决定了它的生长发育时间。

所以，对一个企业来说，不可能希望多花钱它就能长得快一点，这个是很亏的事情。比如说，一个企业一年扩张 3 倍，已经是很了不起的业绩了，要是决策有误，希望再多花点钱，让它一年长 10 倍，这就不现实了，而且后果可能会很严重。

很多企业在创业之初，走得非常好，但是往往沉沦在盲目扩张的不理智决策下。比如很多互联网上的产品，创业其实非常好，也很有发展潜力。就是因为做得太快，推广的速度也过快，而且对于赚钱的希望也太急迫，所以死得也很快。要知道，资本运作也是有其自身的规律的，只有了解企业的生长发育规律，才有可能进行合理的资本运作。

现在有些人一听到对"资本运作"，就认为资本运作就是倒买倒卖资产，尤其是证券形态的资产，这种理解显然是过于褊狭了。资本运作和产品经营是个相对应的特定概念，产品经营和资本运作都需要付出资本，但单纯产品经营仅通过经营产品获取销售利润，资本运作则不直接经营产品，而只是运作资本。

现代企业的增长，并不单纯是产值、销售额、营业额等方面的数量增长，而应是核心竞争力的增长。因此，考察企业的增长方式，就必须与如何提升核心竞争力联系起来考虑。而对于资本的良性运作能力，就是企业核心竞争力很重要的内容之一。

所以说，企业创业之初，要有远景的财务规划，也要有近景的会计审计，圆圈可以不大，但是对于圆圈中的内容，必须一清二楚。创业需要多少资产，应该如何运作，企业要以多快的速度发展，这些问题都是财务管理要明了的课题。

财务知识小贴士

资本运作：

企业将所拥有的一切有形和无形的存量资产，通过流动、裂变、组合优化配量等各种方式进行有效运营，以最大限度地实现资本增值。资本运作可分为资本扩张和资本收缩，两者都是企业的运营模式。

灯火阑珊——资本运作的效率

　　要提高资本运作效率，必须加强资金集中管理，保持财务稳健，坚持实行资金集中统一管理，提高资金使用效率和债务风险防范能力，有效地规避财务风险，为企业持续、有效、健康的发展奠定良好基础。

——作者

　　2003年6月，爱多前总经理胡志标被判入狱20年，三罪并罚。至此，胡志标一手创造的广东爱多，终于以司法结画上了最后的句号。

　　爱多成为流星，各方面纷纷探究其因。其中最有检讨价值的因素是：爱多的财务体系十分脆弱。

　　和同期十年前后失败的企业不同，爱多没有诸如经营决策上的困顿、巨额投资失误以及市场信誉危机爆发之类的失败诱因。事实是，一直到破产，爱多VCD的质量几乎没有出过什么大问题，品牌形象完好无损。

　　和诸多竞争者相比，爱多拥有卓越的人才队伍、一流的现场和技术管理、良好的市场营销等优势，能造成致命的突然窒息的原因，只能是财务运转。

　　记者孙玉红在《风雨爱多》中描述爱多的财务混乱现象是：胡志标几乎不知道自己有多少钱，也不晓得自己欠了多少钱。他平时很少跟财务部门研究付款方面的轻重缓急，还常常把账上的现金当成是利润。

　　胡志标对财务管理的漠视，还体现在爱多的人才结构上。他可以花150万元的年薪从香港挖来康佳彩电的前副总李福光为他打理生产管理，也拥有众多的营销策划高手。可以说，爱多人大多是青年知识精英，他们的执行力都堪称一流。当时的爱多真可谓人才济济一堂，但是，却没有一个擅长融资和资本运作的人。其财政大权完全由妻子兼副总胡莹说了算，其他副总都没有财权。

造成爱多最大的资产损失的是：由于下面的经理人对爱多的财务问题一无所知，以至于爱多公司的危机爆发后，由于财务不透明，那些追随胡志标打拼多年的战将们，搞不清公司到底发生了什么事，也不知道爱多公司和他们自己还有没有明天，因此，能离开的都离开了。爱多的青年精英团队，转眼间烟消云散。

吴敬琏先生曾经对我国的企业提出一个建议："制度重于技术。"财务管理制度尤为重要。财务管理是企业管理的核心，企业要发展，要壮大，必然需要一个良好的财务制度为企业管理提供引导。对于我国企业特别是民营企业来说，轻视财务管理，没有资本运作概念，只会挣钱不会管钱，是其很难做大甚至短命夭折的最大原因。

对企业来说，在度过了最初的市场开拓阶段之后，阻碍其成长的最大威胁便是缺乏有效的财务体系和良好的资本运作能力。这时候，企业的发展越快，其缺乏财务前瞻性所带来的危险就越大。

财务制度的规范化程度往往也就是企业经营与管理的规范化程度。健全的财务制度有利于企业进行良性的财务运作，控制财务风险，并在资本市场获得融资的优势。可以说，没有规范的财务制度，就很难得到透明的财务信息，企业的健康成长和持续发展也就无从谈起。就算企业有资本运作的意识和实践，不良的财务制度也会成为造成其运作过程中混乱局面的始作俑者。很多骤然融资做大又在众人瞩目中轰然倒下的企业，比如三株、飞龙，其创始人在反思总结失败的教训时，往往都有这样一条："财务管理严重失控。"

可以说，规范而健全的财务制度，是企业资本运作产生效率的基本要求。

企业资本运作的过程，可以分为资本运作目标的确立、资本运作的战略形式的选择、资本运作模式的选择、运作资本的筹集、投资决策、资产剥离和资产处置、资本的运营和增值、资本运作收益的取得等环节。这些环节的每一个方面，都直接影响到资本运作的效果和效率。

图6-2是资本运作的基本过程。

特别要强调的是，资本运作过程中要注意优化筹资结构，降低资本成本。资金成本是一种机会成本，是可以从现有资产获得的、符合投资人期望的最小收益率。它主要包括用资费用和筹资费用。

確立資本運作目標 → 選擇資本運作戰略 → 選擇資本運作模式 → 運作資本的籌集 → 投資決策 → 資產剝離和處置 → 資本的運營和增值 → 取得資本運作收益

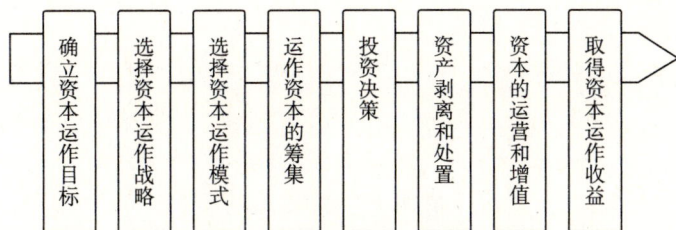

图6-2　资本运作的基本过程

表6-2　资金成本分类及具体内容

资金成本分类	具体内容
用资费用	是企业在使用资金过程中付出的代价，如支付给投资者的报酬、支付给债权人的利息等
筹资费用	企业在筹资过程中为获得一定量的资金而付出的代价

关于资本运作，不少人还有一个误区，就是认为通过资本经营和运作，能使操作者在短时期内积聚巨额财富。现实中确实也存在着一些靠资本运作而一夜暴富的例子，但是这种投机取巧性的资本经营方式，是必须以某种特殊的机遇和相当高的操作技巧为条件的。正常而稳健且可持续发展的资本运作，都是以产品经营为基础，最终以提高产品经营水平并且获利为目的。而这必然是一个过程，不可能一蹴而就。盲目地迷信资本运作的吸金能力，对大多数企业来说，恐怕不是一夜暴富，而是一夜赤贫！不可不防。

财务知识小贴士

区分资本运作与资产重组：

资本运作与资产重组是两个不同的概念，但它们之间的关系是十分紧密的。资本运作以利润最大化为目标，在一般情况下，资本运作所进行的产权重组是进行资产重组的内核和催动剂。资产重组是资本运作外化的形态，是资本运作的一种手段和方法。

第七章 有钱存银行还是炒股票

——关注财务必学的成本知识

勒紧钱袋子——筹集资金

> 我经常反思自问，我有什么心愿？我有宏伟的梦想，但我懂不懂什么是有节制的热情？
>
> ——李嘉诚

无论按哪个标准来选 1998 年的网络界年度十大新闻，当年夏至日瀛海威总裁张树新的被迫辞职，肯定榜上有名。6 月 22 日，张树新在毫无预兆的情况下，突然被董事会软逼，继而自动辞职。从董事会最大股东债转股，到总裁辞职，期间不到两小时。决策之快，时间之短，都令业内业外为之哗然。

当日中午 12 点，董事会自由讨论时间，瀛海威的最大股东——中国兴发集团突然提出把它的股东贷款转为股份，债权变股权。这样一来，中国兴发新增的 3000 万股股份，使其股权变为 8430 万元，持股比例上升到 75%。随即，中国兴发集团新增 3 个董事名额，全体股东一致同意后通过。这一切都在不到一个小时中完成。

下午 1 点左右，董事会派人给张树新送去一份《瀛海威章程》，并在有关条款下画上重点：公司总经理人选应由 2/3 以上的董事决定。其潜台词是：按章程，大股东中国兴发集团一个小时之前完成债转股之后，可以罢免公司总经理。

这位被称为"带着巫气的哲人"的业界女强人很快明白了自己的处境，下午 2 点，张树新提出辞职。下午 3 点，张树新离开了她一手打造的瀛海威……

瀛海威事件的是是非非，不是本书讨论的重点。倒是这个事件里，瀛海威的最大股东中国兴发集团对张树新的突然发难，采取的正是变更企业融资方式，获得控制权。虽然这位打造中国民营 ISP 第一品牌的女企业家的被迫离开，在当时传媒界引起的情绪化反响超出中国兴发的估计，但是按照商业规范来讲，作为第一大股东的中国兴发集团，对于处理它的一位高级雇员，有着绝对的权力。中国兴发的做法虽然显得粗暴而不得人心，但是并没有不合理之处。

现代企业融资方式总的来说有两种：一是内部融资，即将自己的储蓄转化为投资过程；二是外部融资，即吸收其他经济主体的储蓄，使之转化为自己投资的过程。随着技术的进步和生产规模的扩大，单纯依靠内部融资已经很难满足企业的资金要求。因此外部融资成为企业获取资金的重要方式。

外部融资分为股权融资和债务融资。其具体的分类可以用图 7-1 来表示。

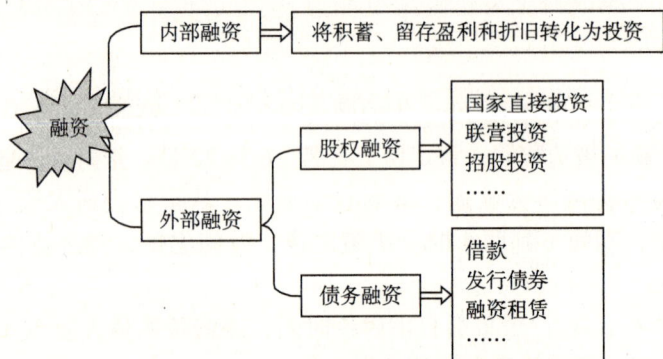

图 7-1　现代企业融资方式

企业融资，不单纯是为企业发展筹集资金，它实质上是一种以资金供求形势表现出来的资源配置过程。在市场经济条件下，资源的使用是有偿的，其他资源只有经过与资金的交换才能投入生产。瀛海威事件中，中国兴发就是把瀛海威外部融资中的债务融资，即借款，转化为股权融资。在取得 75% 的控股权后，按比例增加股东名额，使同样罢免总经理的董事占 2/3 以上，然后按照《瀛海威章程》的规定，逼退了张树新。其做法在操作流程上无可厚非。

股权融资和债务融资的区别比较大，中国兴发集团如果不是瀛海威的大股东，又预谋在先，要想这样迅速地辞退张树新，也并非易事。这两种融资方式的区别见表7-1。

表7-1 股权融资和债务融资区别

	股权融资	债务融资
时效	长期性——股权融资筹措的资金具有永久性，无到期日，不需归还	短期性——债务融资筹措的资金有使用期限，需到期归还
义务	不可逆性——企业采取股权融资不需还本，投资人若需收回本金，则要借助于流通市场	可逆性——企业负有到期归还的义务
负担	无负担——没有固定的股利负担，股利的支付与否，根据企业的经营决定	有负担——需要支付债务利息，是企业的固定负担

从成本角度来看，内部融资不需要实际对外支付利息或股息，不会减少企业的现金流量，而且也不发生融资费用，所以内部融资的成本远远低于外部融资。因此，内部融资是企业融资的首选方式，其融资能力的大小，决定于企业的利润水平、净资产规模和投资者的预期。只有当内部融资无法满足企业的资金需求时，企业才会转而寻求外部融资。而企业的外部融资究竟是以股权融资还是以债务融资为主，需要结合本企业的自身财务状况和国家融资体制的具体情况考虑。

财务知识小贴士

资金的使用价值：

在市场经济条件下，资金作为一种特殊的商品，也具有其使用价值。因此，企业在取得和使用资金时，需要支付各种费用，这些费用就是资金的成本。它包括股息、利息、资金占用税等费用，还包括筹资过程中发生的注册费、代办费、手续费等筹集费用。

公司不是慈善会——目标成本分析

> 成本是企业效益的"牛鼻子",谁牵住它,谁就能争取工作主动权,创造更多的利润;谁不抓成本,就是不务正业。
>
> ——作者

如果开一次会不吃不喝不开支一分钱,这样的会议有成本吗?答案是有,而且还不小。

日本太阳公司为了提高开会的效率,实行会议成本分析计算制度。每次开会时,总是把一个醒目的会议成本分配表贴在黑板上。成本的算法是:

"会议成本 = 每小时平均工资的3倍 × 2 × 开会人数 × 会议时间(小时)。"

这个公式中,平均工资的3倍是指劳动产值,乘2是因为参加会议要中断工作,损失以2倍来计算。因此,参加会议的人越多,成本越高。

国外的开会成本核算公式,也许不一定适合我国企业,但是作为一个借鉴,看看开会到底有多少成本,也许可以帮助企业算清成本账,看看本企业是不是正在开"慈善会"?

麦肯锡曾这样评价中国企业:"成本优势的巨人却是成本管理上的侏儒。"企业的最终目的是盈利,基本追求是利润最大化,开展各项企业活动最终目标是实现企业价值最大化,而进行成本控制是实现这一目标的重要手段。要降低成本,就必须进行科学的成本管理。

成本控制是一门花钱的艺术,而不是节约的艺术。以节约为成本控制基本理念的企业只是土财主式的企业。为了将每一分钱花得恰到好处,将每一种资源用到最需要它的地方,需要全面、深入地了解成本控制原理,学习现代企业应有的成本控制战略以及方法。

> 我国大力推行的邯郸钢铁总厂"模拟市场核算与成本否决"的经验，大部分是关于成本控制的。邯钢的主要做法是：
>
> （1）在非独立核算的二级分厂，以市场为导向，以国内先进水平和本单位历史最高水平为依据，对组成成本的各项指标逐项进行比较，找出潜在的效益；
>
> （2）将原材料和出厂产品均以市场价为核算参数，进而核定出产品的内部目标成本和目标利润；
>
> （3）将目标成本和目标利润层层分解并落实，实行重奖重罚的利益机制，进行成本否决。

　　邯钢目标成本控制的核心是把提高经济效益放在第一位，通过指标的层层分解，将国有资产的管理、使用落实到每一个职工的身上，让广大职工当家理财，使职工真正成为企业的主人。全员参与，才是成本控制的坚实基础。

　　目标成本管理体系是目前被广泛使用的成本管理法，是管理学大师 Peter Drucker 提出的目标管理的分支。根据 Drucker 的说法，管理人员一定要避免"活动陷阱"，不能只顾低头拉车，而不抬头看路，最终忘了自己的主要目标。通过目标成本的分析和评价，一方面可以建立完善的经济责任制；另一方面可以把目标成本和企业的全面经济核算结合起来，建立一套全面的指标核算体系。

　　制定目标看似一件简单的事情，每个人都有过制定目标的经历，但是如果上升到技术的层面，财务经理必须学习并掌握 SMART 原则。SMART 原则是指具体（Specific）、可度量的（Measurable）、可实现（Attainable）、现实性（Realistic）、时间限制（Time-based）这五个英文单词首字母的组合，具体阐释如图 7-2。

　　目标成本管理的步骤如下：

一、目标成本测定

　　正确地确定目标成本，是分解、控制、分析目标成本的基础。主要的测定方法有以下四种（见表 7-2）。

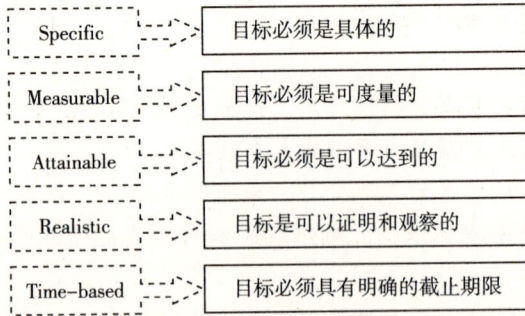

图 7-2 SMART 原则

表 7-2 目标成本测定方法

方法名称	具体内容
倒扣计算法	先确定目标利润，然后以产品的预定价格减去税金和目标利润，余额就是目标成本
先进水平法	选择某一先进水平作为目标成本。如本企业平均先进水平或某一先进水平
线性关系法	对系列产品，可利用规格与成本的某种特性有一定函数关系求出目标成本
参数对比法	利用两种产品成本参数对比，以记分法确定目标成本

二、目标成本分解

这一步是把大的目标成本指标，分解为若干个小的指标，并落实到每个成本中心以至个人。然后再反过来计算分解后的小目标，是否能保证总目标的实现。常用的分解方法见图 7-3。

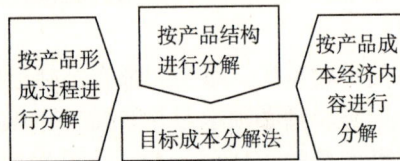

图 7-3 目标成本分解

三、目标成本控制

目标成本控制是事先对各项成本费用和消耗进行限制，有机会地控制成本的形成，使成本控制在预定的成本目标之内。其常用的方法是目标成本归口控制和目标成本分级控制。

四、目标成本分析

目标成本分析是目标成本管理体系的最后环节。主要是将实际成本与目标成本进行对比，分析目标成本与实际成本的差异，以及造成这些差异的原因，以消除不正常的差异，保证目标成本的可行性。

实际上，企业降低成本的途径必须以提高或者至少不损害其竞争地位为基本指导方针。如果某项成本措施削弱了企业的战略地位，就应弃之不用；如果某项成本的增加有助于增加企业的竞争实力，这种成本的增加就是值得鼓励的。如果企业把成本作为战略来看待，那么成本管理就不仅仅是财务部门的事情，更不仅仅是生产部门的事情，它应该是全方位、多角度、突破企业边界的成本管理体系。

财务知识小贴士

与基期盈利水平直接挂钩的成本分解法：

在调整基期盈利水平的基础上，先确定企业计划期总体的目标销售利润率，然后将其分解到各产品，进而利用"倒扣法"确定企业总体的目标成本以及各产品的目标成本。

公司的家当——标准成本分析

> 如果各位有机会听到这些企业家谈他们的成功之道，问他们怎么成功，我相信他们的回答是因为保守而成功，而不是因为做大做强而成功。
>
> ——郎咸平

成本标准的制定与修订是标准成本法的重头戏。它是针对明细产品（产品大类+材质+规格）在各成本中心而制定的。成本标准不能只由财务部门、生产厂制定，而一定要有一个权威机构制定和修订标准，制定标准的人员应由工程技术方、生产方、财务方的人员一道参与。

成本标准分为消耗标准和价格标准。其具体制定方式如表 7-3 所示。

表 7-3 成本标准分类及制定方式

成本标准分类		具体制定方式
消耗标准	原料消耗标准	原料消耗标准是指明细产品在各成本中心的消耗，即投入/产出
	辅料消耗标准	辅料消耗标准的制定应考虑历史消耗资料及生产操作规程、计划值
	直接人工消耗标准	按产品的生产难易程度（即时能力）制定
	价格标准	价格标准按成本补偿的原则制定

在具体的企业管理中，标准成本应依据各生产流程的操作规范，利用健全的生产工程、技术测定（包括时间及动作研究、统计分析、工程实验等方法），对各成本中心及产品制定合适的数量化标准，再将该数量化标准金额化，作为成本绩效衡量与标准产品成本计算的基础。

因为标准成本管理源于预计，所以在标准成本管理中，很重要的一块内容就是成本差异的账务处理。成本差异分为消耗差异和价格差异。

消耗差异 = 标准价格 × （实际消耗 − 标准消耗）

价格差异 = 实际消耗 × （实际价格 − 标准价格）

对成本差异的账务处理，要本着差异由哪来到哪去的原则——进行分配，还成本以真实的面貌，有差异发生的环节必定有问题存在，不管是有利的还是不利的，都要分配到各个产品的成本项目。然后分析差异产生的原因，进而提出一些改进的措施。

差异产生的原因包括两方面：一方面是因为标准不够准确造成的；另一方面是因为实际生产操作或管理产生的。对于不够准确的要加以修订，对于由于生产操作管理产生的要具体进行分析，这样才能为后续工作奠定基础。

财务知识小贴士

三级成本分析法：

三级成本分析是对工厂成本、部门成本和产品成本的分层分析。

工厂成本分析包括工厂成本结构及其变动趋势的分析、各项费用分析以及费用所占销售额比率的分析；

部门成本分析按成本要素对成本结构的比较分析；

产品成本分析是确定产品价格的基础，一般采用标准成本法。

盈利预期——机会成本分析

选择就要付出代价。当你得到一个机会时，往往会失去另一个机会。而该选择哪个机会，人们则需要通过计算机会成本来加以权衡。

——作者

2010年10月26日，《成都晚报》一条名为《才值835元？不取了，我要收藏》的新闻引起了很多读者的关注，并被各地报纸和网站相继转载。一张存了33年的400元存单，引起社会各界议论纷纷。

事情经过是这样的，成都的汤玉莲婆婆在33年前存入400元，直到2010年才突然想起来，就让儿媳妇黄女士去取钱。由于年代久远，经工行和农行两大银行联手，长达一周的查询，最终在农业银行牛市口支行的账本库房里，找到了那本手写的传统账本。

随后，银行方通过电脑对汤婆婆的存单进行了预算。结果是：汤婆婆的400元存款产生了438.18元的利益，扣除中间几年需要征收的利息税2.36元，汤婆婆连本带息可取出835.82元。

与此同时，有个教授联系黄女士，愿意出1000元买这张存单，拿去做金融教学的教具。在和丈夫联系后，黄女士作出决定：暂时不取这笔钱了！他们决定收藏这张特殊的存单。

第二天，一位证券业内人士为汤婆婆的400元存款算了另一笔账，如果汤婆婆把这笔钱投入股市，会出现怎样的情况呢？

这位业内人士介绍说，1991年万科的配股价是4.4元，当年如果汤婆婆再添40元钱，就可以配股万科100股。如果她持有这100股万科"睡大觉"至今，这笔投资迄今的市值将达到惊人的152238元（复权价），这笔收益是加上了万科近20年以来所有的配送转和分红，投资收益为 345 倍。

用机会成本分析法来计算，汤婆婆选择存款，损失的机会成本是：
152238 – 835.82 = 151402.18（元）。

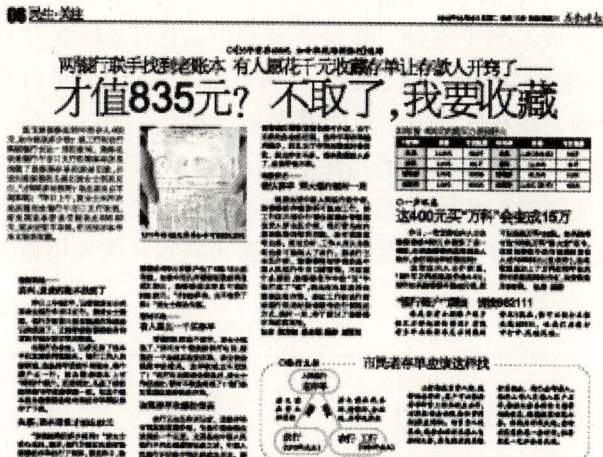

图 7-4 《成都晚报》登载的此篇新闻

机会成本在经济学上是一种非常特别的即虚即实的一种成本。它是指一笔投资在专注于某一方面后所失去的在另外其他方面的投资获利机会。即放弃了一件事而做另一件事的代价。

萨缪尔森在其《经济学》中曾用热狗公司的事例来说明机会成本的概念。

热狗公司所有者每周投入 60 小时，但不领取工资。到年末结算时公司获得了 2.2 万美元的可观利润。但是如果这些所有者能够找到另外其他收入更高的工作，使他们所获年收入将达 4.5 万美元。那么这些人所从事的热狗工作就会产生一种机会成本，它表明因他们从事了热狗工作而不得不失去的其他获利更大的机会。

对于此事，经济学家这样理解：虽然实际上他们是盈利了，但是如果用他们的实际盈利即 2.2 万美元减去他们失去的 4.5 万美元，数值是负 2.3 万美元，所以说明他们实际是亏损的。

关于机会成本计算的一个误区是，由于任何一个企业的投资都具有专注性，因此不能设想一笔投资获得双重收入，即一笔投资不能同时被假设为获得两笔或两笔以上的收益。所以在计算机会成本时我们不能用单笔投资的双重收入进行叠加，也不能用双重成本耗费来计算成本。用热狗的例子表示，就是机会成本不能计算成 2.2 万 + 4.5 万 = 6.7 万美元。

由于成本作为一种代价耗费总是趋向于最小化的，因此企业从事一项生产活动，其机会成本越小越好。在企业管理中，任何资源的使用，不论在实际中是否为之而支付代价，总会产生"机会成本"，即为了将之使用在某一方面而牺牲掉的使用在其他方面所能够带来的利益。

因此，机会成本深化了对消耗在生产活动中的成本概念的理解。企业的财务管理者，应通过对相同的经济资源在不同的生产用途中所得到的不同收益的比较，使资源从收益相对低的生产用途转移到高收入用途上，否则就是一种浪费。

☺ 财务知识小贴士

应收账款机会成本的计算：

应收账款是由于企业进行赊销而造成的该收而未收的账款。它的成本包括机会成本、管理成本和坏账损失。后两者可以直接计算，而机会成本 = 应收账款占用资金 × 机会成本率。其中，机会成本率 = 应收账款平均余额 × 变动成本率。

账本的最初原形——资本成本分析

> 央企既要重视生产经营成本，更要考虑资本成本，保证为出资人提供更多的回报和利益，不盲目追求产能、产量和市场份额。
>
> ——黄淑和

从 2010 年起，我国的央企全面推行经济增加值考核。据国资委副主任黄淑和说，国资委经过开展调查研究，"总体考虑是，先引入后规范，先简单后精准，分阶段、分步骤实施和完善。在引入阶段的主要任务是，树立资本成本意识，引导企业做强主业，控制经营风险，加大科技投入，提升发展质量。"

经济增加值计算中有一个核心指标，叫做"资本成本率"。黄淑和表示，从国际上看，多数行业的资本成本率在 10% 以上。国资委从中央企业的实际出发，根据企业的资本结构和所处行业风险程度测算，目前中央企业的资本成本率多为 7%~10%。本着稳健起步的考虑，国资委把央企的资本成本率基准暂时设定为 5.5%。他并表示，各中央企业可以结合自身情况，科学地设定更有针对性和挑战性的资本成本率。

资本成本率是指公司可以从现有资产获得的，符合投资人期望的最小收益率，也称为最低可接受的收益率、投资项目的取舍收益率，在数量上它等于各项资本来源的成本加权计算的平均数。公司的投资决策必须建立在资本成本的基础上，任何投资项目的投资收益率必须高于资本成本。

资本成本率是将企业用资费用与有效筹资额之间进行对比后获得的数值，通常用百分比来表示。它包括个别资本成本率、综合资本成本率和边际资本成本率。企业在比较各种筹资方式时常说的资本成本率，一般默认的是个别资本成本率。

表 7-4　资本成本率分类及其定义

资本成本率分类	定义
个别资本成本率	个别资本成本率是指企业各种长期资本的成本率。例如，股票资本成本率，债券资本成本率，长期借款资本成本率等
综合资本成本率	综合资本成本率是指企业全部长期资本的成本率，通常是以各种长期资本的比例为权重，对个别资本成本率进行加权平均测算，故也叫加权平均资本成本率
边际资本成本率	边际资本成本率是指公司追加筹资的资本成本率

　　长期以来，我国一些企业在资金使用的过程中，由于没有合理安排资金结构，不断出台新项目，盲目引进、重复建设，长期投资规模过大，造成企业生产经营资金严重不足。现状是，一些企业资金成本逐年上升，资金利润率大大小于银行贷款利率。这种情况既不利于企业发展，更造成国民财富的大量浪费。

　　据建设银行和国务院发展研究中心的调查，改革开放以来，由于盲目投资、重复建设造成无效投资或投资后生产能力闲置形成的国有资产浪费损失，高达 6800 亿元。全国近 300 个大中型企业投产后，约 1/3 的生产能力没有发挥作用，资金成本过大成为企业成本上升的一个重要原因。

　　出现这种情况的根本原因，是由于我国的财务管理的基础理论来自于原苏联。因此一贯以来，都按照原苏联的做法，将财务管理包括在财政体系之中。在改革开放中，虽然经济学和财务学的学科发展逐步打破了原苏联的财务理论框架，但财务依然是大财政格局下的一个附属学科。

　　可以说，在我国财务管理中，资本成本可能是理解最为混乱的一个概念。在大多数的财务学教材中，关于资本成本最常见的定义是：资本成本是指企业为筹集和使用资金而付出的代价，包括资金筹集费用和资金占用费用两部分。

　　这种学科背景下必然使企业筹措资金时，没有市场成本意识和出资者回报意识，而只考虑资金筹集和使用成本。为数不少的上市公司由于可以不分派现金股利，便以为股权资本是没有资本成本的。这是我国企业资金成本逐年上升的症结之所在。

西方理财学界对资本成本的定义为：资本成本是企业为了维持其市场价值和吸引所需资金而在进行项目投资时所必须达到的报酬率，或者是企业为了使其股票价格保持不变而必须获得的投资报酬率。

现代财务管理思想来自西方微观经济学，是一种实效性的企业财务，财务管理与公共财政完全分离，其所谓的财务概念指的都是企业财务。

西方的财务管理以资本管理为中心，在市场经济环境中，多方面因素的综合作用决定企业资本成本的高低，其中主要的有：总体经济环境、证券市场条件、企业内部的经营和融资状况、项目融资规模等。

企业以经济求利原则为基础，财务管理着重于研究企业应如何进行财务决策、怎样使企业价值最大化。在这种市场认知背景下，股东的最低回报率即资本成本就成为应有之义了。

可以说，国资委把资本成本率作为央企经济增加值考核的最核心指标之一，是我国财务管理学发展日趋成熟的一个重要表现。

为高效配置企业财务资源，可以采取的加大降本增效力度的具体做法有：

（1）总会计师或财务科长要下工夫带头开展调研工作，把心思用到抓管理和降本增效上来。特别是对重点部位、重点费用以及重点项目支出，要加强检查，促使降本增效有效开展。

（2）组织财务人员深入基层调查研究，了解基层实际情况，掌握第一手资料。通过总结基层降本增效的经验和做法，激发灵感，形成新的管理及降本增效思路和办法。

☺　**财务知识小贴士**

多种筹资方式组合时的边际资本成本率测算：

公司追加筹资有时可能只采取某一种筹资方式。在筹资数额较大，或在目标资本结构既定的情况下，往往需要通过多种筹资方式的组合来实现。这时，边际资本成本率应该按加权平均法测算，而且其资本比例必须以市场价值确定。

对外的义务——客户成本分析

如果20%的人口享有80%的财富，那么就可以预测，其中10%的人拥有约65%的财富，而50%的财富，是由5%的人所拥有。在这里，重点不仅是百分比，而在于一项事实：财富在人口的分配中是不平衡的，这是可预测的事实。

——帕累托

某管理协会曾经做过一次调查，说有一名家庭主妇，每个礼拜都会固定到一家杂货店购买日用品，持续购买了3年后，有一次店内一位服务员对她说话有点冲，惹得她心生不悦，换到其他杂货店买东西。12年后，她再次来到这家杂货店，并告诉老板为什么这么多年不再来这个店购物。老板很专心地听着，并且向她道歉。等到这位妇人走后，老板拿起计算器计算杂货店的损失：假如这位妇人每周到店内花25元，那么12年后，她将花费1.56万元。

只因12年前一次小小的不愉快，导致杂货店丢掉了1.56万元的生意，杂货店老板心痛不已。

被誉为经营之神的松下幸之助说："销售前的奉承，不如售后服务，这是制造'永久顾客'的不二法则。"

客户关系总成本包含直接成本和间接成本。直接成本是直接反映在财务账面上的企业投入的人力、物力等资源性的成本，而间接成本包括客户开发和日常维护的公关费用、给客户的优惠及让利等，以及常常被忽视的机会成本和风险成本。

现在，许多企业往往容易看到客户的利益价值，而忽略其份额价值和品牌价值；只看到收益而忽略成本；只看到直接成本而忽略间接成本，尤其是风险成本和机会成本。而对风险成本控制不好，造成的损失对企业利润的吞噬是巨大的。

2001 年，深圳的一家印刷企业为了从同行企业中抢得一个"大单"，以极低的价格签约，并约定客户只要先付 30% 的定金，就可投入生产，其余货款货到付清。结果，工厂加班加点把货赶出来了，却在送货途中，被对方利用押货人员和司机的疏忽，将一车的货全部骗走！这就是一味追求拿下客户，而忽视了对客户风险成本的把握。

不论是不是商人，都知道一个经营策略叫做"薄利多销"，但犹太商人提倡的是厚礼多销。他们认为，进行薄利竞争，是愚蠢之至的做法。此法则在犹太法典里是如此解释的：

在一个国家中，富有的人远远少于一般大众，但富有人所持的货币却压倒大多数人。也就是说，一般大众所持有的货币为 22%，而富有人所持的货币是 78%。所以，做生意必须以拥有 78% 货币的 22% 的富有人为主要对象，应把 78% 的精力放在 22% 的最主要客户上，而不能平均使用力量。

这个法则在规划客户成本的时候也是适用的。按 20% 的客户带给企业80% 的收入和利润的原则，评判一个客户的价值要把各个因素结合起来综合考虑，才能发现客户利益因素之外的价值和间接成本，为企业进行客户关系管理的决策提供一个可信的依据。

企业可按客户价值把现有的客户分为四类：关键客户、潜力客户、低值客户和负值客户。对留下的价值客户，集中资源维护，把该淘汰的客户坚决淘汰，减少浪费。

现在很多企业的许多销售代表都喜欢把主要精力用于"开发新客户"，他们满怀"老客户不要走，新客户不断来"这样的理想，希望借此扩大销量、增加业绩。但是，一个人的精力总是有限的，如果把精力过多地消耗在新客户身上，对老客户的关注就会减少。对老客户如果关注不够，很难使他们产生较高的忠诚度。

事实是，与老客户继续维持交易关系，远比开发新客户的成本低得多。

表 7-5 按客户价值把现有的客户分为四类

客户类型	具体内容	管理方式
关键客户	有明确购买意向、有购买力、短期内有把握达成订单的客户，通常这些客户决定企业 80% 的收入，值得销售人员花费较多的精力	留住关键客户
潜力客户	企业应根据自身的业务特点，按客户决策结构、购买特点、收入状况、区域消费心理、预计签约周期等方面，制定详细的潜在客户判定与筛选条件，不断更新筛选出关键客户	培育潜力客户
低值客户	对企业的短期不赢利客户，所计算出的亏损可以被解释为企业广告或宣传费用的一部分，把最初的亏损额通过随后年度里较高业务量和低服务成本组合得到回收，达到盈利	改造低值客户
负值客户	假设企业采用所有方法都无法将与一个客户的关系从不赢利的情况转化为可赢利的情况	淘汰负值客户

据分析统计，一般企业开发新客户的成本，往往要达到维系老客户成本的 4~5 倍。

另外还有一种情况是，觉得一个客户发展起来不容易，即使已经是个负值客户，还是不舍得放弃。殊不知这种恶劣的客户不仅不能为企业产生利润，还会加大企业的客户管理成本，影响其他价值客户的感情。所以，对于负值客户，应该坚决地予以放弃。或者可以通过拒绝向该客户提供折扣、减少或消除市场和技术支持，而使客户自己开除自己，从而把那些原来由不赢利客户占用的技术和市场资源重新用于寻找新的可赢利的客户。

财务知识小贴士

顾客让渡价值：

顾客让渡价值是菲利普·科特勒在 1994 年提出的。它是指在顾客获得的总价值与顾客为之付出的总成本之间的差距。顾客满意度是由其所获得的让渡价值大小决定的。

菲利普·科特勒认为：顾客将从那些他们认为提供最高顾客让渡价值的公司购买商品或服务。

看真金白银——质量成本分析

"他们都陷入了一个无形的'迷宫'。迷宫的墙使他们局限于按传统观念进行操作。而这种观念得到的只能是一般标准绩效质量。"

——菲利浦·克劳士比

当年在 ITT 公司做全球副总裁的时候，被称为"零缺陷之父"的世界质量先生克劳士比有一个专机带着他在满世界的各公司之间飞来飞去。对此，其他的副总裁难免眼红，他们对 CEO 吉宁抱怨道："克劳士比他一个做质量的，为什么不坐在办公室里，而总是往外跑？如果他能这样，那我们也下去跑，能不能也给我们一架飞机啊？"

吉宁非常得意且带讽刺意味地对他们说："很好啊，你也给我弄两亿美元去，两亿美元就可以了，我也派架飞机给你。"

吉宁的潜台词是：克劳士比能够有专机，是因为他在各个公司之间抓质量管理，每年能为公司节省下 56 亿美元的成本，而那些副总裁，则连 2 亿美元都搞不定。

吉宁这么信任克劳士比是有他的道理的。在做总裁之前，吉宁是注册会计师，他在 ITT 倡导的管理理念就是"结果导向、业绩为王"。因此，他在管理公司的时候，非常依赖于财务报表。在那个还没有实现电脑办公的年代，吉宁每次开管理会议的时候都是带着几个大皮箱，里面全是各公司的财务报表。

在这种环境下，克劳士比先生开始思考两个问题：

1. 如何用财务报表来管理质量？

2. 质量如何才能成为利润的贡献者？

为了解答这两个疑问，他创造了一种消除浪费的质量管理模式，就是著名的 PONC 模式。

　　靠着这种模式，克劳士比先生每年为整个集团所节省的成本或者额外增加的利润，平均高达 56 亿美元——这就是质量成本里的真金白银！

　　最早发现"质量里面有黄金"的是朱兰博士，他在西方电器公司质量部工作的时候，本能地发现，质量里的这种"黄金"实际上就是报废、返工、返修等产生的费用。后来，费根鲍姆博士把这种"黄金"细分成三大类：一类是"故障成本"，另外一类是"预防成本"，还有一类是"鉴定成本"。这就是"质量成本"最早的概念和框架。

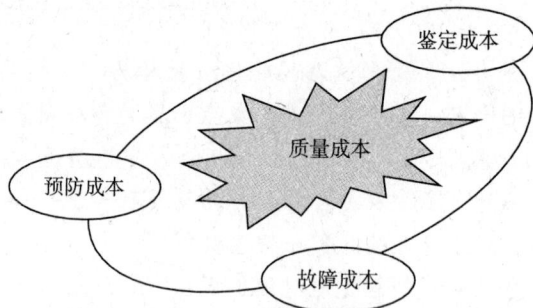

图 7-5　质量成本分类

　　现代企业的质量成本是指企业在维持和提高产品质量和服务质量的过程中支付的一切费用，以及因不能满足消费者需求而发生的所有损失。其相对应的支出可以分为三方面：预防性支出、评估性支出和补救性支出。

　　在质量成本管理中一个最尴尬的问题，就是质量成本应该归什么部门。一直以来，在大部分人的心中，质量和成本是两种不同的概念，属于两个不同的范畴。反映到现实中的情况就是：财务部门认为，"质量成本属于内部统计的，是质量体系的一部分，应该让质量部门来负责。"而质量部门的看法是，"质量成本是成本管理，属于财务部门的职责范围。"

　　所以，最后企业对质量成本的管理，很可能就陷入这样的困境：表面上，大家都认为质量成本可以提升企业的利润，增强企业的核心竞争力，但真正要开始做的时候，却是互相扯皮，互相推脱。

　　可以这么说，质量成本不属于核算会计的范畴，它实际上属于管理会计

表7-6　质量成本支出分类

质量成本支出	具体内容	具体项目
预防性支出	企业的计划性支出，用来确保在产品交付和服务的各个环节不出现失误	包括市场调查、教育与培训、流程控制、持续的质量改善工作、质量管理人员投入、实地检测以及预防性维护
评估性支出	是指在交付和服务环节上对产品或服务进行检查、监测或评估的支出	包括库存清点、进货检查、产品检查、内部产品审核、质量管理人员薪金、供货商评估与审核报告
补救性支出	是产品交付或服务不能满足客户的需求导致的支出，包括内部补救性支出和外部补救性支出。前者是产品在送货之前发现问题的补救支出，后者是因客户发现问题而由企业承担的支出	内部补救性支出包括库存、废品、返工、重新设计、维修点、补救行动汇报、运输救援以及因产品或服务不合要求导致的延误
		外部补救性支出包括运费、保修、产品回收、担保数据分析、产品更换、接待客户投诉、客户跟踪调查和区域服务机构

的范畴，这正是我国不少企业缺乏的财务技能。管理会计需要把现有的财务数据按照业务流程，将作业成本按照成本动因分解到每个具体的活动和产品中去，这种思维和方法跟传统的核算会计是相同的。

其实，真正的质量成本很大一部分是看不见的。如果把 PONC 分解一下，就会出现我们常说的"冰山现象"：我们看见的只是冰山一角，比如返工、报废和"三包费用"等，而绝大部分的质量成本都隐藏在冰山下，属于无形的资产损失，那是看不见的真金白银！

能看到的冰山一角：

返工、报废等直接成本，也就是财务讲的直接费用。

隐藏在冰山下的质量成本：

间接成本，如商誉的丧失、客户的流失、销售机会的错过、程序的颠倒、过剩的能力、过多的库存等。

图7-6 质量成本的"冰山现象"

财务知识小贴士

隐性的质量成本支出：

有许多质量成本支出是隐性的，很难通过常规的质量成本评估系统进行测定。主要集中在客户补救成本、信誉损失成本、客户不满成本三方面。

这类成本即使被发现，其中很大一部分往往也会被当作企业的正常经营支出。

审时度势——研发成本分析

"人生如果错了方向，停止就是进步。"人，总是很难改正自己的缺点；人，也总是很难发现自己的错误。有时，明知错了，却欲罢不能，一错再错。把握正确的方向，坚守自己的原则，世界上的诱惑很多，天上永远不会掉馅饼，不要因为贪图一时的快乐而付出惨痛的代价，如果发现错了，一定要止步。

——易中天

　　全球金融危机的大潮中，企业纷纷忙于开源节流，以求安全过冬。而惠普的新任 CEO 李艾科在 2010 年 11 月发布消息，宣布加大对技术研发的投入，让 IT 界掀起了一场不大不小的风潮。各媒体几乎都转载了这么一条新闻："11 月 23 日下午李艾科在周一的分析师电话会议上明确表示，他将加大对技术研发和销售投入，但同时也不会放松成本控制。"

　　其实，在惠普第一财季的利润预测超出分析师预期后，李艾科就已经表示，这家全球最大的电脑制造商将增加研发开支，部分用于创建软件，从而吸引更多用户使用其产品。除此之外，惠普还计划使用消费技术来改进商业计算产品。

　　相比惠普第四财季的报表显示，惠普的研发费用达到 8.14 亿美元，同比增长 16%，超过收入增速。李艾科表示，研发和销售费用的增加将通过削减其他营业费用的方式来弥补。

　　产品的研发成本包括研发费用和产品成本，研发费用包括开发费用、测试费用和人工费用等，产品成本包括采购和材料费用、制造费用等。财务报表上对产品研发成本的反映，国际通行的会计处理准则是将企业研发过程划分为两个阶段：研究阶段的成本全部费用化，开发阶段的成本则依据其是否

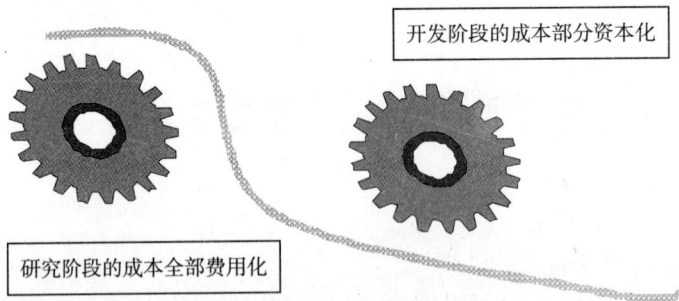

开发阶段的成本部分资本化

研究阶段的成本全部费用化

图7-7 企业研发过程划分阶段

符合资本的定义部分资本化。这样做的好处是有利于全面反映企业的业绩。

> 我国在2000年前采取的是研发成本一律费用化的规定。为了跟国际接轨，最新的《企业会计准则》规定："企业内部研究开发项目的支出，应当区分研究阶段支出与开发阶段支出，企业内部研究开发项目研究阶段的支出，应当于发生时计入当期损益。企业内部研究开发项目阶段的支出，能够证明符合相关条件时，可进行资本化处理，应当确认为无形资产。"可知，新准则对研发费用的会计处理采纳的是有条件资本化方法。

知识经济时代，创新是一个企业生存发展的核心所在。我国2006年通过的"十一五规划"明确要求把提高自主创新能力作为科技发展的战略基点和调整经济结构、转变经济增长方式的中心环节。这表明，将有越来越多的企业在研发方面大力投入，而在会计核算中如何处理由此产生的费用将会直接影响到企业的业绩及经营者的信心。不可否认，之前研发成本全部费用化的处理方式，确实在很大程度上影响了企业的当期业绩。这在诸多科技类上市公司的年报中可见一斑，当时，很多上市公司年报就不断刊出"研发一次性列入费用对公司利润影响明显"的解释说明。

一种产品的总成本可以分为研发成本、生产成本、销售服务成本。不过，很多人在成本控制方面往往只关注制造成本、销售成本等方面的控制。其实如果将眼光放得更靠前一点，将研发过程的成本控制作为整个产品成本控制的起点，我们就会发现，这才是产品控制成本的关键。产品研发和设计是生产、销售的源头之所在，有很多产品在设计阶段，就注定其未来的制造成本会高过市场价格。

关于产品成本，有一个观点被普遍认同，就是产品成本的80%是约束性成本，并且在产品的设计阶段就已经确定。因此，不论从财务通则已经将研发成本部分资本化的角度出发，还是从产品的整体控制很大程度取决于研发阶段的现实来看，惠普加大研发投入的做法，都不能单纯地看作加大费用，而可以相对地看作一种成本控制的手段。

在研发成本控制中，企业容易忽略三类成本：

一、忽略产品的经济成本

设计师有时候为了追求完美，会容易过度地要求产品的性能，却忽略了产品在市场上的实际需求。实践证明，在市场上功能最齐全、性能最好的产品往往并不一定就是最畅销的产品。而这种对完美的过度追求，将带来不必要的生产成本。

二、忽略原产品的再设计

有些产品往往是由于设计的不合理才显得成本高昂的，而这往往可以通过对产品的再设计来达到进一步削减成本的目的。但是很多时候，研发部门更倾向于研发下一个新品，而忽略对老产品的修正。

三、忽略隐含成本

对一个产品设计过程来说，成本无处不在。研发设计人员往往容易发生过于重视表面成本而忽略了隐含成本的误区。比如下面这个企业的例子：

> 甲、乙两家公司一直是竞争对手。甲公司有一个下属企业推出一款新品，乙公司也跟着推出类似产品。两款产品的市场占有份额相差不大。甲公司的新产品总共用了12枚螺钉进行外壳固定，而乙公司在研究甲的产品工艺的基础上，推出的新品仅仅用了3枚螺钉就做到了相同的外壳固定！当两种产品的比较分析报到甲公司的研发部时，研发部领导认为单位产品9枚螺钉，最多也只不过是几毛钱的差异，无关紧要，认为不必进行技术革新。
>
> 但是持续的批量生产后，甲公司发现，由于多了这9枚螺钉而相应增加的成本支出不期而至：采购成本、材料成本、仓储成本、装配（人工）成本、装运成本和资金成本等，不一而足。而这一切只是因为忽略了9枚螺钉的微小成本。

可以看出，在研发过程中，每一点疏忽或错误都势必给公司带来一定的损失，那些为减少错误而损失的销售额更是令人痛心。因此，研发设计人员的开发设计，在不影响成本、性能的情况下，应尽量提高一次设计的成功率。

财务知识小贴士

研发成本控制的三个原则：

一、以目标成本作为衡量的原则；

二、剔除不能带来市场价格却增加产品成本的功能；

三、从全方位来考虑成本的下降与控制。

稳坐钓鱼台的诀窍——沉没成本分析

> 目前快速成长的公司，就是未来问题成堆的公司，很少例外。合理的成长目标应该是一个经济成就目标，而不只是一个体积目标。
>
> ——彼得·德鲁克

这是一个关于区分沉没成本的案例：

问题一：假如你是一家公司的老总，正要进行一项新产品的开发。可是这时有个消息传来，据说竞争对手已经研发出了类似的新产品而且上市了。通过那家公司的产品在市场上的销售情况可以预计，如果继续进行这个项目，公司有90%的可能会损失500万元，有近10%的可能盈利2000万元。到目前为止，项目刚刚启动，还几乎没有什么投入，而从产品真正研发成功投放市场还需耗资50万元。你会把这个项目坚持下去，还是现在放弃？

问题二：你还是这家公司的老总，已经在进行这项新产品的开发了。可是这时有个消息传来，据说竞争对手已经研发出了类似的新产品而且上市了。通过那家公司的产品在市场上的销售情况可以预计，不考虑已有的投入，如果继续进行这个项目，公司有90%的可能会损失500万元，有近10%的可能盈利2000万元。到目前为止，你为这个项目已经投入500万元，而从产品真正研发成功到投放市场还需耗资50万元。你会把这个项目坚持下去，还是现在放弃？

如果你把这个题目给身边的亲朋好友做，他们大多数会在第二题选择"坚持继续投资"。因为既然已经投入了500万元，怎么也要再试试看，也许能收回成本呢？其实，很多企业的老总也会做这个选择，这跟是否是专业经商的人无关。殊不知，为了这沉没的500万元成本，他们将有90%的可能，再赔上 500 万元。

这就是沉没成本，在经济学和商业决策制定过程，它代指已经付出且不可收回的成本，如时间、金钱、精力等。

沉没成本和可变成本常在一起作比较。它们的区别是：可变成本可以被改变，而沉没成本则不能被改变。在微观经济学理论中，做决策时仅需要考虑可变成本。如果同时考虑到沉没成本，那结论就不是纯粹基于事物的价值做出的。

当年，瀛海威的联机服务使用了一套与互联网 TCP/IP 所不同的通信规程，广大网民所熟知也最容易找到的标准浏览器 NETSCAPE 和 IE，在号称"纵横时空"的瀛海威竟然不能使用，这等于是以一家之力在与整个世界网络标准相抗争，当然也给用户带来极大的不便。对此的抗议声从用户到公司内部一直不断，可直到 1997 年 10 月，瀛海威才宣布取消这一规定。而在这漫长的两年时间里，瀛海威的高层主管坚持不改规定的原因，竟然是"公司花了大量财力、人力研制出的专用软件不能随便舍弃"。

毫无疑问，公司在研制这个专用软件所花费的"大量人力物力"是其沉没成本。令人遗憾的是，面对沉没成本，当今很多高科技领域的企业也常常会违反妇孺皆知的市场法则而重蹈覆辙。

在现实生活中，我们都知道"不要为溅出的牛奶哭泣"等生活哲理，但在面对决策时往往又不可避免地要考虑沉没成本的影响。大量的沉没成本相关性行为影响在企业和个人决策的现象普遍存在。例如：

由于已经在风险企业中投资很多，所以需要继续经营；

由于在当前的制度环境下进行了大量的投资，所以抵制技术或制度变迁；

人们对职业或者专业进行了大量投资，所以不愿意转换研究领域；

在银行业，追加资金往往贷给那些无法支付债务的企业……

威廉姆森认为，在信息完全或契约完备条件下，无所谓沉没成本还是非沉没成本，经济人都可以做出理性选择，因此可以将成本划分为决策相关性成本—非沉没成本和决策非相关性成本—沉没成本。

一旦在其理性受限、契约不完备，特别是机会主义行为存在的情况下，这种简单的两分法会因为信息不完全而无法分开，则沉没成本发挥作用。

不论是企业还是个人，都应该牢记：进行决策时，要把目光投向前方，审时度势，运筹帷幄，不要被沉没成本所左右，吝惜已经投下去的各项成本，而失去更多的其他资本。

☺　**财务知识小贴士**

减少沉没成本：

采用非市场的规制结构对企业减少沉没成本是比较有利的，因为这一结构能为交易提供更有效的保障，可最大限度地减少投资风险。现代企业经营中，技术合作、策略或战略联盟已经成为一个重要的趋势，其内在原因，其实就包含了分散技术开发和市场拓展风险、减少沉没成本方面的考虑。

第八章　为什么很多人喜欢做假账

——利润的无穷魅力

黄金机会——企业财务毛利率高升

> 利润制度的最大弊端始终是绝大多数的人是绝对无利可图的。
>
> ——美国作家　E.B.怀特

众所周知，在巴菲特的投资哲学中，偏爱行业中高毛利率的公司。在巴菲特的长期持股中，可口可乐公司一直保持着60%或更高的毛利率；债券评级公司穆迪的毛利率是73%；柏灵顿北方圣太菲铁路运输公司的毛利率为61%；箭牌公司的毛利率为51%。

巴菲特告诫投资者，只有具备某种可持续性竞争优势的公司才能在长期运营中一直保持盈利，尤其毛利率在40%及以上的公司。所以应该查找公司在过去10年的年毛利率，以确保是否具有可投资性。

如果说，衡量一家公司的竞争力有很多指标，包括产品竞争力、技术水平先进程度、行业地位等，那么，反映在财务报表上，最基本也是最重要的一个指标就是毛利率。一般认为，毛利率在40%及以上的公司，一般都具有某种可持续性的竞争优势；而毛利率低于40%的公司，则一般都处于高度竞争的行业，因为竞争会削弱行业总利润率。如果一个行业的毛利率低于

20%，显然说明这个行业存在过度竞争。

一个公司要想实现企业的可持续发展，主营业务利润率或毛利率保持一个稳定的数值是至关重要的，并且要在同行业中保持前列。毛利率反映的是公司业务转化为利润的核心能力，影响毛利率高低的直接因素是产品成本和产品价格：

毛利率＝（销售收入－销售成本）÷销售收入×100%

毛利率是企业净利润的起点，它反映了企业产品销售的初始获利能力，没有足够高的毛利率便不能形成较大的盈利。因此，我们说，毛利率通过公司原材料价格、生产技术水平、产品竞争力、供求关系、市场定价权等因素的优势，直接反映了公司的竞争力强弱。

正因为毛利率直接反映公司的竞争能力，所以识别上市公司造假，测试其毛利率也是一种非常有用的分析手段，如果公司毛利率大大超过同行业水平或者波动较大，就有可能存在财务报告舞弊。

在一个完全竞争的市场中，要想长期保持在同行业前列又是困难的。假若一个企业的该项指标异乎寻常地高于同行业的平均水平，我们就应该抱着怀疑、谨慎的态度来看待。

例如，银广夏1999年主营业务毛利率为42.33%，2000年更是达到了64.17%。但是当时同属农业行业拥有高技术背景的隆平高科2000年主营业务毛利率也只有36.03%。

反观银广夏主要经营的产业为中药材的种植加工和葡萄种植酿酒。在当时的市场环境下，这两种产业极少有暴利机会，不论是生产领域还是流通领域。

另外，如果公司产品毛利率短期内发生剧烈波动，同样预示着存在会计造假的可能。

红光实业上市前两年的经营状况就出现了产品毛利率的剧烈波动。从红光实业前几年"主营业务收入"的走势可以发现，1994~1996年，红光实业的经营业绩是在下降的，而在1997年盈利预测中"主营业务收入"和"净利润"的预计值却都是上升的。

可疑的是，1995 年红光实业主营业务利润率已经达到 118.9%。到了 1996 年，主营业务收入大幅增长，增长率神话般地达到了 344%，但是主营业务利润率却下滑至 13.68%。短短一年时间，核心业务收益居然发生如此巨大的下滑，实在令人难以置信。

事实上，无论多么熟练的会计人员，他纵然能伪造报表，但报表数字不能完全脱离现实。大多数是通过虚假交易事项来"创造利润"，其造假手法并不复杂。因此，只要认真执行分析程序，根据三大财务报表，对比上市公司在同行业中的毛利率以确定公司利润的真伪，是切实可行的。

比如蓝田饮料，按照蓝田股份披露的价格为 46.8 元/箱，每公斤饮料利润为 2.42 元。如果按照 33% 的所得税，蓝田股份每公斤饮料实现的 2.42 元净利润（税后）至少需要 2.42÷0.67=3.61 元的所得，也就是说，蓝田股份靠每公斤 5.85 元的销售额至少实现了 3.61 元的利润，毛利率为 61.71%。而当时驰名品牌承德露露毛利率还不到 30%。在竞争激烈的饮料行业，蓝田饮料这样高的毛利率能够实现吗？

在中国计算毛利率，还需要考虑一个技术问题，就是是否扣除营业税金及附加。因为中国境内外税收制度不同，所以会计准则也不同，其中之一就是：国内利润表有营业税金及附加，国际利润表没有。国内的营业税金及附加，包括营业税、消费税、城市维护建设税、资源税、土地增值税和教育税及附加等，大部分是地方税。营业收入扣除运营成本后，是否再扣除营业税金及附加，对毛利率有相当大的影响。

财务知识小贴士

一般纳税人企业的适用增值税计算方法：
一般纳税人企业的适用增值税税率为 17%，其计算方法为：
应纳增值税 = 当期销项税额 − 当期进项税额
当期销项税额 = 当期销售收入 × 17%

知己知彼——企业盈利结构分析

> 如果把握好节奏，顺驰能够成为一家非常优秀的公司，但现在它要为盲目扩张造就的奇迹付出代价。
>
> ——王石

2010年10月7日9：30，融创中国登陆中国香港联交所主板市场。至此，融创中国成为在中国香港上市的首家天津民营房地产企业。回顾四年前，顺驰大厦将倾，孙宏斌对中国香港路劲抛下的那句名言："你捡了个便宜货"，恍若昨日。

不论对顺驰的功过成败如何评价，不能否认，孙宏斌确实是个商业天才，他为顺驰打造下的盈利结构，令顺驰在短短三年内就从一个只有50万元启动资金的二手中介房地产商，发展到能跟房地产巨头万科相抗衡的程度，是房地产业当之无愧的"黑马"。

有媒体说，顺驰败就败在"现金流—土地—现金流"模式上，资金链断了，必败无疑；顺驰败在"快"上，"快"带来了致命的"三高"：高土地成本、高人力成本、高财务费用。这些都有道理。但资金链的断裂和致命的"三高"只是浅层的表象，背后是孙宏斌精心打造的孙氏盈利模式。

有人计算过，顺驰在1年时间里拿地的资金累计需要80亿元，以顺驰现有的资本实力根本不可能支付出那么一大笔钱。因此，对于强力前行的孙宏斌来说，他唯一可行的战略便是把有限资金的使用效率提高到极限。

为了提高资金效率，顺驰大幅度地缩短建造和交付的时间，尽最大可能地缩短"从现金到现金"的周期，并且企图用眼前的利益来换时间，靠地价的持续上涨来弥补购地的高成本。这套战略一开始的时候确实起到了"以一当十"的效果，顺驰如愿以偿地以较少的资金快速运作起一些庞大的项目。2003 年的销售额达到 45 亿元，而当年万科的销售额为 63 亿元。

可是，当 2004 年国家开始对房地产宏观调控后，顺驰就陷入了王石对它的预言："规模不要追求太大，资金链不要紧绷、不留余地，否则市场一有风吹草动就会受影响。"

就这样，一个视现金流为第一要素的企业家，由于其企业盈利结构的过于冒险和激进，最终还是败在了现金的断流上。

4 年后，卷土重来的孙宏斌依然盯着北京的房地产市场，但很明显，业界对他的评价，大多数认为他"稳重了"。

所谓分析企业盈利结构，主要是对总利润中各种利润所占的比重进行分析。企业利润包括主营业务利润、其他业务利润、投资收益和营业外收支差额等。其中最主要的是看企业主营业务的利润。

主营业务指企业营业执照上规定的主要经营的业务。因为主营业务利润是企业利润的主要来源，如果企业利润中主营业务利润占的比重大，那么可以判断此企业的盈利结构的安全性较大，因为企业利润的波动性会较小。

企业投入大量的资金都是为企业的主营业务做准备，主营业务经营得好坏，是企业能否生存和发展的关键。在一般情况下，企业主营业务的波动性会比其他业务小，而且主营业务利润较其他业务利润而言也更稳定。所以主营业务利润分析是分析企业盈利能力的关键。

企业的业务一般可分为永久性和临时性两部分。长久性的业务是企业设立、存在和发展的基础，主营业务就是长久性的业务。所以企业主营业务利润比重越大，企业盈利水平持续下去的可能性越强。

企业的盈利能力不仅包含企业现在及将来能达到的盈利水平，而且包含企业盈利的稳定性和持续性。分析盈利结构是为了对企业的盈利水平、盈利的稳定性和盈利的可靠性等作出评价。独特的盈利结构不但是企业获得超额利润的法宝，也会成为企业的核心竞争力。一个企业即使是拥有先进的技术和人才，但若没有一个独特的盈利模式，也不能将企业内外部资源要素巧妙而有机地整合为企业创造价值的经营模式，企业的生存和发展必然有难度。

正如列夫托尔斯泰说的那样：幸福的家庭都是相似的，不幸的家庭各有各的不幸。套用到企业发展上，成功的企业都是相似的，失败的企业却各有不同。顺驰倒下了之后，孙宏斌日后曾说，如果老天再给顺驰1年时间，就足以消化掉所有的财务风险，实现全国战略的"完胜"。可见孙宏斌并不是不知道当年顺驰这匹"黑马"飞奔时巨大的危险性。

对企业进行盈利结构分析，能够有助于企业对自身的考量，结合自己的实力、发展阶段和市场发展的动态，选择适合自己的道路。一般来说，企业的利润总额可以揭示企业当期盈利的总规模，但是它不能表明这一总盈利是怎样形成的，或者说它不能揭示企业的内在品质。

企业盈利的内在品质就是指盈利的趋高性、持续性、稳定性和水平性。只有通过盈利结构分析，才能得出这方面的信息。

表8-1 企业盈利的内在品质

企业盈利品质	具体内容
趋高性	是一种长期品质，指企业的盈利水平保持不断增长的趋势
持续性	盈利水平能保持目前的变动趋势，也是一种长期的品质
稳定性	指企业盈利水平变动的基本态势，表明企业盈利的风险
水平性	盈利水平的高低取决于主营业务，是形成利润的主要因素

绝大多数产品的寿命，都要经历启动期、成长期、成熟期、衰退期这四个阶段。

处于启动期和成长期的产品，会带来不断增加的收益；

处于成熟期的产品，给企业带来的收益较稳定；

处于衰退期的产品，给企业带来的收益有下降的趋势。

通过盈利结构的分析，不仅要认识其对目前盈利水平的影响，更要预计其对未来盈利水平变动趋势的影响。如果企业引用收入水平高而相应成本水平较低的业务，在总收入中所占的比重越大，企业的盈利水平也会越高。

财务知识小贴士

股利核算口诀：
当年分以前，成本来冲减。当年分当年，利益算一算。
以后年度分，两者比较看。股利减净利，差额细判断。

丈量出来的深度——企业盈利能力分析

> 没有准备的企业在危机中消亡，优秀的企业能成功地安渡危机，只有伟大的企业在危机中发现机遇。
>
> ——安迪·格鲁夫

1995年某日，长春一汽的董事长办公室走进一位夹着一卷图纸的中年人。董事长耿昭杰还认得他，他叫仰融，多年前他们有过一面之缘。现在，这个人已经是沈阳金杯客车公司的大股东兼负责人了。

仰融的来意让耿昭杰觉得莫名其妙。仰融打开他夹着的图纸说："我这个车一卖，你的小解放肯定就不行了。但是我开发这个车呢，也肯定要亏本。我一个月生产500台，一年打个折就是5000台，你每台车给我1万元，总共5000万元，我把这个型号的许可证卖给你。这个情况，我是通报给你了，如果你不同意，我就按我的方式干了。"

仰融指的车，是金杯客车新研发的一款低成本的海狮新车型。当时，金杯公司的主打产品是"海狮"牌小客车。而在这个市场中，风头最劲的就是长春一汽的"解放"牌面包车，号称当之无愧的"小霸王"。而金杯的"小海狮"就是直接叫板"小解放"的车型。

耿昭杰从来没有跟仰融这种人正面打过交道，在他看来，仰融大概是疯了。最后，两人不欢而散。当时，耿昭杰怎么也想不到，新海狮推出市场之后，因其造型新颖、价格低廉、营销手段灵活而深受中小城镇用户的欢迎。

短短一年间，一汽的"小解放"就由赢利转入亏损，两年后，被迫退出了竞争。

耿昭杰的失误，在于他忽略了当汽车行业"行规"重重、暮气十足的时候，像仰融这样外行战略家所能产生的能量。仰融清晰的大局观和敏锐的行业嗅觉，对整个汽车行业来说，不啻是一种颠覆。谁能创新，谁就能把握利润，可以说，耿昭杰低估了在仰融领导下的金杯企业的盈利能力。

所谓企业盈利能力，即企业获取利润的能力。企业经营的本质内容是调配成本与利润，目的是效益最大化。企业盈利能力就是企业营销能力、获取现金能力、降低成本能力及规避风险能力等的综合体现，也是企业各环节经营结果的具体表现。

企业盈利能力分析主要是以财务报表为基础，通过表内各项目之间的逻辑关系构建的一整套指标体系进行分析和评估。分析指标通常包括资产净利润率、销售毛利率、销售净利率、成本费用利润率、总资产报酬率、利息保障倍数、市盈率、资本收益率、普通股每股收益等。

表 8-2　分析指标内容及公式

分析指标	计算公式
资产净利润率	资产报酬率＝净利润÷资产平均总额×100%
销售毛利率	销售毛利率＝（销售收入－销售成本）÷销售收入×100%
销售净利率	销售净利率＝（净利润÷销售收入）×100%
成本费用利润率	成本费用利润率＝利润总额÷成本费用总额×100%
总资产报酬率	总资产报酬率＝（利润总额＋利息支出）÷平均资产总额×100%
利息保障倍数	利息保障倍数＝息税前利润÷利息费用
市盈率	市盈率＝普通股每股市场价格÷普通股每股收益×100%
资本收益率	资本收益率＝净利润÷实收资本（或股本）×100%
普通股每股收益	普通股每股收益＝（净利润－优先股股利）÷发行在外的普通股股数

对企业盈利能力的分析是一个系统而全面的工作，它包括盈利水平及盈利的稳定、持久性两个方面的内容。在企业盈利能力分析中，容易被重视的是企业获得利润的多少，而企业盈利的稳定性、持久性往往被忽视。

实际上，虽然利润总额可以体现企业当期的盈利总规模或总水平，但是它不能表明这一利润总额的形成过程，也不能反映企业的可持续增长性，即企业能否按照现在的水平维持或增长。所以，在做企业盈利能力的分析时，不仅要对总量进行分析，还要把握企业盈利的稳定性和持久性。

企业盈利能力分析应注意以下要点：

（1）企业销售活动的获利能力分析是企业盈利能力分析的重点，仅从销售额来评价企业的盈利能力是不够的，要适当考虑影响企业销售利润的其他因素，如产品成本、产品结构、产品质量等。

（2）税收政策是国家进行宏观调控的主要手段，评价分析企业的盈利能力，离不开对其面临的税收政策环境的评价。

（3）资产的运作效率影响企业的营运能力，企业的营运能力越好，企业的盈利能力也就越强。

（4）资本结构变动对企业的盈利能力也有很大的影响，要综合考虑企业借入资本和企业的自有资本两者之间结构是否合理。

（5）企业利润结构也是影响企业盈利能力的重要因素，在分析企业盈利能力时，不要只注重对企业利润总量的分析，而忽视对企业利润构成的分析。

（6）非物质性因素也是影响企业盈利能力的重要原因。

非物质性因素是企业盈利能力分析时比较容易被忽视的一块内容。其实，企业的非物质性因素也是企业盈利能力的决定因素，比如有良好的商业信誉、较好的经营管理能力和企业文化，将会使企业在扩大销售市场、成本控制、获取超额利润等方面有所收获，这都有利于企业盈利能力的提高。

企业盈利能力

企业的销售收入、资本结构、成本、费用、利润结构、生产规模等物质性因素

企业的商业信誉、品牌效益、企业文化、管理能力、技术专利等非物质性因素

图8-1　企业盈利结构分类

所以，在分析企业盈利结构时，分析者要注意不要因偏重分析企业的销售收入、资本结构、成本、费用、利润结构、生产规模等直接影响企业盈利水平的物质性因素，而忽视企业的商业信誉、品牌效益、企业文化、管理能力、技术专利以及宏观经济条件下的一些非物质性因素。

☺ **财务知识小贴士**

对企业无形资产的评估：

企业中整体无形资产的价值可以通过将企业的市值（假设即为交易价）扣减有形资产的公允市场价值（通常为其评估值）得到。

如果要进一步考察其中某一项无形资产的价值，则须再从整体无形资产价值中扣除该企业拥有的其他无形资产的贡献，这往往需要专业评估无形资产的经验以及对项目及企业经营情况的深度理解才能完成。

企业经营的强劲——利润的擎起

> 对企业家来说，真正的责任，是在诚信守信的基础上，通过为客户创造价值，赚取利润，同时给更多的人创造就业机会，给国家上缴更多的税收。这也就担当起了社会责任。
>
> ——张维迎

2006年，中国证监会对科龙集团的审计调查结果显示：从2002年起，顾雏军入主科龙后一年时间就扭亏为盈的神话，实际上是假账所致。2002年，顾雏军通过对未真实销售的存货开具销售出库单或者发票的手法，将存货确认为收入。通过这种手法，科龙的年报中共虚增收入4.033亿元，虚增利润近1.2亿元。

在此之后，2003年，科龙虚增收入3.048亿元，虚增利润8935万元；2004年，科龙虚增收入5.127亿元，虚增利润1.2亿元。做假手法和2002年完全一样。这说明，在顾雏军主政科龙期间，所有出具的三份年报，全都存在利润虚增的造假问题。

证监会披露，顾雏军虚增利润的常用手段是：虚构主营业务收入、少计坏账准备、少计诉讼赔偿金等编造虚假财务报告。此外，通过对未真实出库销售的存货开具发票或者销售出库单，以确认为收入的方式，也让他们虚增了年度报告的主营业务收入和利润。

或许有人会问，虚增利润就要多缴税金，那企业不是亏了吗？但是对于上市公司来说，虚增利润会给投资者传递公司业绩良好的虚假信息，给公司带来收益。即使不是上市公司，虚增利润也有利于公司融资贷款等活动的开展。比如顾雏军打造一年扭亏为盈的神话后，为他在全国各地融资和并购其他企业获得了很大的实惠。

所以，只要虚增利润的预期收益大于因此需要多缴的税金，虚增利润对于企业来说就是有益的。这就不难解释，为什么这么多公司都热衷于虚增利润了。

经济学家说，在经济学领域里，从理论上讲，利润本来应该是不存在的。经济学的前提是假定市场为固定，即所有的企业都知道什么样的决策最优。那么，企业能从消费者那里获得的所有收益，都将转化为社会的机会成本。在这种情况下，企业家的产品价格等于成本之和，企业没有利润可言。

美国经济学教授奈特在1927年出版的《风险、不确定性和利润》一书中指出：利润来自不确定性。所谓的不确定性，即企业家对未来的判断不一样，这是产生利润的来源。其实判断本身也是不确定的，可能成功也可能失败。但是总有一些人，商业眼光比别人高明，比如据说能"一眼将一个行业看到底"的孙宏斌们，往往这类人的决策能力、管理能力也更强。所以，他们会获得利润，也比别人更容易取得成功。

利润还来自于企业的创新。

这里说的创新不是指发明，而是指用同样的资源，比同行业创造出更高的价值。或者创造同样的价值，但是比同行业花费更少的资源。这是美国经济学家熊彼特提出的观点。

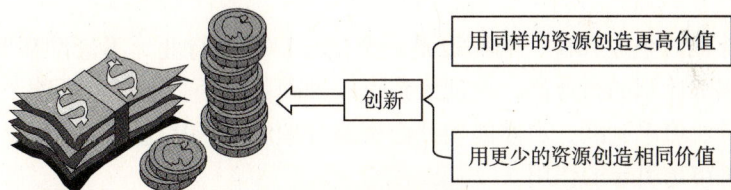

图8-2　企业的创新

创新跟不确定性也有关系。比如一项新技术或者新型商业模式刚出现时，有人会因为不确定性而观望，这时选择用的人就可能从中获得利润。而到了这种技术或商业模式被广泛接受，利润就会平均化为机会成本。所以，企业要致力于创新，因为哪怕是再新的技术，一旦被推广就不再是优势，而将成为成本。如果企业不创新，就面临被淘汰。

企业利润的擎起还来自于市场的不充分竞争。因为信息、资源获得的不同，所以一切产品的市场都有垄断，垄断就产生差异。良性的垄断体现的是一种消费者的信任度。比如一罐奶粉，铁罐包装下，谁也看不清里面，消费者选择这个而不选择那个，基本只取决于哪个品牌更能让他信赖。现在许多企业都在做品牌，就是因为消费者愿意多花钱，买一个自己信得过的产品，品牌溢价由此产生。

同时，一个品牌形象的倒下，其利润损失也是不可估量的。三鹿的三聚氰胺事件，对于中国乳品行业的冲击，据说不次于一次八级地震。

总之，企业的利润产生在三个方面（见图8-3）。

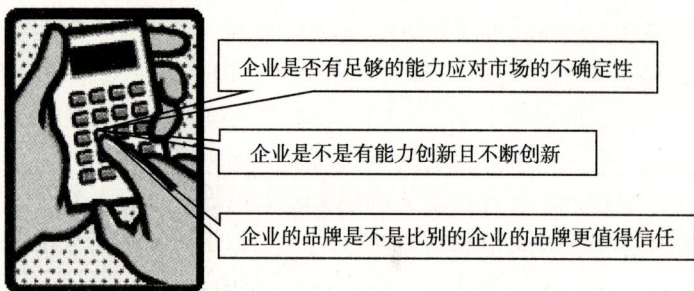

> 企业是否有足够的能力应对市场的不确定性
>
> 企业是不是有能力创新且不断创新
>
> 企业的品牌是不是比别的企业的品牌更值得信任

图8-3 企业利润产生的三个方面

一个企业如果能从这三个方面着手产生利润，定然无须通过人为调账来虚报利润了。对于企业经营来说，真实的利润也是创建强劲的企业文化的基本条件。

另外，对企业来说，利润也是一个信号！一个行业，不论谁在里面干，所得利润都比别的行业高，这就大致可以判断：这个行业竞争不够。企业进入这个行业追求利润，自然能使社会资源合理流动。从这个角度来看，利润还起到了市场引导的作用。

☺ **财务知识小贴士**

品牌溢价：

品牌溢价是指一个特定的品牌商品，销售价格高出其种类销售基价的那一部分。这部分比率越高，则这个种类商品获利越大，品牌竞争力越强。溢价是跨国公司董事会报告中通常使用的经营量化指标。

黄金分割——拉开利润帷幕

中国未来保持强劲、持续增长的动力在于企业的利润，因为利润才是拉动内需的唯一方法。

——郎咸平

据 2008 年万得资讯的统计显示，2007 年，42 家房地产上市公司全年的经营现金流量净额为-365.99 亿元；而去年同期，可比的 42 家房地产上市公司的经营活动产生的现金流量净额为-107.7 亿元。

其中，万科 A（000002）、招商地产（000024）、金地集团（600383）、保利地产（600048）四大上市地产开发商，2007 年的每股经营性现金流均为负值，并且均为各公司 5 年来的最低值。数据显示，万科的每股经营性现金流为-1.52 元，招商地产为-4.74 元，金地集团为-7.52 元，保利为-7.65 元。

一时间，万科经营现金流为负的消息，在民众中闹得沸沸扬扬。后来，有专家出面解释：万科的每股经营现金流为负，并没有什么好大惊小怪的。因为现金流和经营性现金流是不同的两个概念。

每股现金流＝公司现有的货币资金（现金）÷总股本

每股经营现金流＝［公司经营活动的现金流入（收到的钱）－经营活动的现金流出（花出去的钱）］÷总股本

面对经营现金流，要具体情况具体分析。其实只要企业的利润表上反映了很高的经营利润，但是在其经营活动产生的现金流量方面却表现贫乏，就应提出这样的问题："利润为什么没有转化为现金？利润的质量是否有问题？"

比如，银广夏在其被曝光前一年的赢利能力远远超过同行业的平均水平，但是其经营活动产生的现金流量净额和经营利润水平相比却大为逊色。事后证明该公司虚做海关报关单，在会计上虚增应收账款和销售收入。那些子虚乌有的所谓应收账款，永远都不可能转化为经营的现金。

而万科的情况是：2007年房地产环境变动，万科又正处于快速扩张的阶段，它不但需要把卖房子收回来的现金继续买地，而且还必须抓紧各种机会融资、抢占市场规模，这才会出现经营性现金流为负的情况。

需要引起注意的是每股现金流为负，如果每股现金流为负，则表明公司的资金链随时会断裂，就要非常小心了。同样拿万科做例子，2007年年报中显示，它手中握有超过170亿元现金，每股现金流达2.17元，这从另一个方面说明万科的情况是良性的，不需要担心。

分析企业利润水平的数值很多，有个简便的方法就是：比较企业的利润水平是否与其现金流量水平一致。这也是看清企业利润含金量的一个好方法。一家公司可以通过签订虚假合同，制造虚假利润，但是在现金流指标上却不能造假。

有不少人知道这句话："利润是算出来的。"因为利润的组成包含现金流入和流出以及没有直接收付现金的事项，所以在利润表中，会考虑非现金流量的信息。利润表是依据权责发生制原则，按照收入和费用配比的原则进行计量，最后算出来的企业当期利润。相比之下，现金流量表是依据收付实现制计量得出的本期现金净流量。因此，会计利润和现金流量之间必然存在差异。

对利润表进行分析，主要从收入项和费用项入手。收入的增加，则意味着公司资产的增加或负债的减少。收入项包括当期实际的现金收入、应收票据或应收账款等。

费用包括营业费用、管理费用和财务费用等。费用的确认、扣除正确与否直接关系到公司的盈利。

最后，看利润表还要与上市公司会计报表的附注结合起来。

会计报表附注是为便于报表使用者理解会计报表的内容而做出的解释。阅读会计报表附注，能够帮助报表使用者更好地掌握会计报表真实程度。因此对会计报表附注考察得越详细，获得判断企业的财务状况、经营成果和现金流量等情况的依据或线索就越多。

☺　**财务知识小贴士**

会计报表附注：

会计报表附注主要包括会计报表的编制基础、编制依据、编制原则和方法及主要项目等内容，是对报表中列示项目的文字描述或明细资料，以及对未能在这些报表中列示项目的说明等。

羔羊反哺——看清企业净利润回笼

无论处于什么样的市场，竞争的或非竞争的，企业获得的收入，绝对不可能超过它为消费者创造的价值。这一点很重要。企业经营者应该明白，你为消费者创造的价值越大，你可能分享的份额就越大。

——张维迎

2010年2月3日，地产龙头之一的保利地产公布了2009年年报：实现营业收入229.87亿元，同比净增48.11%，归属上市公司股东的净利润35.19亿元，同比增长57.19%。根据保利地产2009年年报，截至2009年12月31日，保利地产预收款达到298.3亿元，较报告期初增加了200.32亿元，增幅高达204.44%。同时，截至报告期末，保利地产存货增加了199亿元左右，应收款增加了56亿元。

根据保利公布的年报，从2006年保利地产IPO后，连续4个财务年度保利地产经营活动中的现金流量持续萎缩，合计现金亏空220多亿元，而同时在这4个财务年度中，保利地产每年都在赚钱。2008年地产寒冬中，保利地产逆势净利润增长50.35%，每10股转增3股并派1.32元红利，同时公布了80亿元的再融资计划，2009年年报数据和利润分配预案与2008年非常相似。另外，保利地产也提出了每10股转增3股派发红利1元（含税）的利润分配预案。

专业人士指出：保利地产上市以来，借助资本市场的力量大力发展，速度很快，分红也很大方，但这种大方背后却隐藏着危险。"现金流的亏空都体现在了存货上，保利这种扩张的最大风险就在于存货能否顺利变现以及是否能够从其他渠道顺利融资以保证保利的持续扩张。"

其实不仅是保利地产面临利润回笼，"2008年，地产寒冬。万科率先降价促销，以存货换现金。仅从目前的存货统计数据来看，2010年地产行业和2008年非常相似，土地储备剧增，存货剧增，现金压力变大。"

广州一位地产行业的观察员对2010年房产商处境的看法是：房地产新政的影响是先量后价，一季度财报中房地产上市公司的经营活动现金流净额的快速下滑表明回笼资金的压力变大，而在开发贷紧缩、短期负债压力之下，这种来自资金链上的压力会放大，谁能顺利回笼资金，谁才能挺过这一关。

净利润指在利润总额中按规定交纳了所得税后企业的利润留成，它代表一个企业经营的最终成果，也被称为税后利润或净收入。其计算公式为：

净利润 = 利润总额 ×（1 - 所得税率）

净利润是衡量一个企业经营效益的主要指标。企业的净利润多，经营效益就好；净利润少，说明企业的经营效益就差。对于企业管理者而言，净利润是经营管理决策的基础。同时，净利润也是评价企业的盈利能力、管理绩效以至偿债能力的一个基本工具，通过对净利润的分析，能反映企业多方面的经营情况。

仿佛是为了证明年初人们对房产市场的预测，2010年10月14日，莱茵置业（000558）接连发布三季度报表以及董事会审议通过信托融资方案的决议。

据《证券日报》10月15日报道，莱茵置业所公布的信托融资方案中，拟募资2.5亿元。

莱茵置业2010年三季度财报显示，莱茵置业营业总收入同比减少了33.86%，净利润更是大幅下降，同比减少了71.29%。在报告期内，莱茵置业的资产负债率进一步提高，从二季度的76.35%提高到三季度的78.89%。

莱茵置业是标准的"囤地式"开发模式，如南京"莱茵东郡"项目的开发，能持续整整十年——从2002年10月开工，预计竣工时间是2012年12月，预计总投资为14.1亿元。这种模式，自然无法快速回笼净利润。

在阅读财报的时候，通过应收账款和净利润的比率，可以轻松看出某企业的业绩是不是"赊"出来的。应收账款指企业销售商品后应向购货单位收取的款项，其预期的时间一般是一年。2010 年 8 月，WIND 数据显示，在 113 家创业板上市公司中，有 11 家创业板公司的应收账款高达净利润的 10 倍以上，最多的高达近 25 倍。

针对这个现象，业内资深人士汪先生认为：在一般情况下，应收账款与营业收入之间应保持一个相对稳定的适度的比值。若该比值过大，则显示账面利润的真实价值值得怀疑；若比值过小，也应该对其主营业务收入的真实性持慎重态度。

如果销售收入确实为虚构的话，不管该公司现金流量表中显示的现金流量状况多么好，其真实的现金存量肯定不充裕。一般来说，遭受买家延付的金额超过营业额的 2%，即属危险水平，而逾期超过 12 个月较有可能成为坏账。

☺ **财务知识小贴士**

利润期限比率：

利润期限比率揭示本年度利润水平波动幅度，一般情况下若波动幅度较大，说明利润稳定性较差，利润质量可能较低，应当引起关注。用这项指标还可以评价与判断企业利润的稳定性和未来的发展趋势。

公式：利润期限比率 = 本年度利润额 ÷ 相关分析期年度平均利润额

第九章　拥有一个亿是奇迹吗

——不要迷信现金为王

决胜千里——企业寿命知多少

> 穷人和富人的区别之一就在于穷人不知道金钱运动的规律，而富人却非常熟悉。现金流游戏就是通过资产负债表和收支平衡表的变化，揭示金钱运动的规律。而了解金钱运动的规律，是每一个想实现财务自由的人的必备知识。
>
> ——罗伯特·T.清崎

　　2000 年前后，吃遍京城的老饕们对陈川粤大酒楼都不陌生，这家位于北京阜成门边的四川大厦里的酒楼是当时著名的一个高档饮食去处。2003 年 3 月 21 日早上，前往陈川粤大酒楼送货的供货商们突然发现，这个拖欠他们高达总计 250 万元货款的酒楼，居然被西城区法院查封了！除了一名负责经营的经理还留守在酒楼之外，其余高层全部失踪……与此同时，据《重庆晚报》披露，陈川粤集团在重庆投资 2000 多万元的陈川粤美食大厦已于 2003 年 3 月 18 日停业。

　　陈川粤大酒楼的主人叫陈川东。除了北京这家陈川粤，他在广州、四川、重庆，包括万里之外的美国，都有自己的酒店。而且，陈川东还经营饮料业，陈川粤饮料爽曾经风靡大西南，连饮料业巨头百事都不敢小视。

2000年是陈川东名声大振的时候，他十余年商海征战，引来追随者无数，其中就包括重庆群鹰商场的管理者重庆夫子池物业公司。群鹰商场在重庆商业重镇占据着黄金地段，夫子池物业公司希望通过以租代售的方式，以1.59亿元的价钱，用10年时间，将群鹰商场的产权转让给陈川东。这时候陈川东也希望把陈川粤美食大厦作为陈氏餐饮帝国的旗舰店，在全国餐饮界打出更大的名声。于是，两人一拍即合。

按陈川东的保守计算，大厦仅地产部分10年增值就至少可达1亿元以上。哪怕每年经营亏损两三百万元，只要整个美食大厦运转起来，10年后，从房产中仍可赢利数千万元。这个项目可以说包赚不赔。

但是事情却不像陈川东想象得那么顺利。首先是大厦装修的预算不够细致，以致产生众多的计划外支出。其次是装修工程的延误，300余名员工也是一笔不小的开支。最糟糕的是群鹰商场的最后一位投资者拖欠了供货商大量货款后跑了，债主们便纷纷找陈川东要钱，要不到就向法院提起诉讼。而原来答应贷款给陈川东的银行家朋友又临时变卦，陈川东只好拆东墙补西墙，大量挪用各地酒楼和陈川粤饮料厂的钱来填补美食大厦的费用。一时间各地酒楼和饮料厂的流动资金全面告急，经营和生产受到严重影响。

陈川东终于陷入了现金流的恶性循环。他四处融资，又几次上当受骗。2002年11月，陈川粤饮料厂首先倒闭，还拖欠工人几十万元工资。接着，陈川东分布于全国各地的大酒楼也相继崩溃。2003年3月，在众多供货商的愤怒声讨中，法院查封了陈川粤美食大厦。

陈川东的经历跟史玉柱和他的巨人集团的成败史十分相似。同样都是在事业的巅峰期想更进一步，建造有行业代表性的大厦；同样都是对大厦的投入没有做好足够规划，以致大厦成为吞金的无底洞；同样是不断地抽调实业公司的流动资金填补到大厦的建设中。这种拆东墙补西墙的做法，最终造成了各个战场的捉襟见肘、顾此失彼。

史玉柱后来总结自己的经验时说，自己最大的失误，就在于不懂财务，失去了对风险的控制。

根据美国《财富》杂志报道，美国只有2%的企业存活达到50年，大约62%的企业寿命超不过5年。其中，中小企业平均寿命在7年左右，大企业寿命平均不到40年。

日本的《日经实业》调查表示：日本企业平均寿命为30年。

在中国，有关企业寿命的统计还不算明确，最早据说是10年，后来缩减到5年，再说是平均寿命3~7年，最近官方确切数据统计说是2.9年。此外，有数据表明，我国集团公司的平均寿命约为7~8年，与2000年统计的私营企业平均寿命相仿。

"人无远虑，必有近忧"。据统计，中国每年有近100万家企业倒闭。有这样的一个说法："我国20世纪80年代初致富靠勤劳，80年代末发财靠机会，90年代初打拼靠营销，90年代末赚钱靠品牌，21世纪初发展靠资本，未来靠人才。"所谓"未来"的长短实际上就是企业的预期寿命。因此，对于一个真正追求价值最大化的企业来说，必须既要关注每年的利润，又要关注企业的寿命。

现在很多企业是20世纪90年代成长起来，在改革开放后风云变幻的二十多年中，它们更多的是因机会而诞生，大多数企业的管理仍停留在战术层面，并没有生成企业战略系统。像史玉柱和陈川东那样，由于缺乏必要的财务危机意识导致集团债务结构风险过大，引起企业现金流吃紧的企业家，并非少数。

虽然决定经济的因素非常多，但无一例外的是，经济的良性循环必须遵循一定的规则才可以实现其目标。随着我国的财务通则跟国际的财务通则越来越靠近，对企业家掌握财务这门世界商务通用语言的要求也越来越迫切。企业因为冒进而死，而且往往都死于企业最辉煌的时候，令人扼腕叹息。

财务知识小贴士

巧看现金净增额：

如果企业的现金净增额是由于经营活动产生的，则反映出企业变现能力强，坏账风险小，其营销能力一般也不错。

如果企业的现金净增额主要是由于投资活动产生的，即是由处置固定资产、无形资产和其他长期资产引起的，则反映出企业生产经营能力衰退。

如果主要是由于筹资活动引起的，这意味着企业将支付更多的利息或股利，企业将承受较大的财务风险。

这话对吗——现金为王

> "有泡沫的时候才能赚钱，现在泡沫破了，肯定买什么亏什么，因此要想在经济进入萧条期后进行投资，就要改变想赚钱的目标，而是要想着怎么能少亏一点。"
>
> ——郎咸平

2009 年 3 月 5 日，新京报特刊发表了《赶考 2009：辞典 2009》系列，"现金为王"赫然榜上有名。新京报对它的解释是：

释义：该词多用于提醒现金持有者谨慎投资，守住现金寻找机会。去年年末国资委一官员曾说，"央企现在不要盲目并购，留着现金，好好挑选值得投资的公司"。一旦生产遇到资金问题，口袋里又没现金，情况将很糟。

点评：跌停，跌停，心绪难平。股市"熊"赳赳，房市正彷徨，现金来称王。不过，这"王"绝非天长地久，一旦经济回暖，还是该出手时就出手。

例句：买一个苏格兰肉包子，一块钱。没带钞票，我递上银行卡。未料，老板娘用擀面杖指着墙上的一幅墨宝，上写"现金为王，恕不刷卡"。

这个例句当然是有搞笑的成分。因为在财务管理中所说的现金，跟我们日常生活中指的现金是有区别的。它不单单是我们通常所理解的手持现金，而是包括现金、可以随时用于支付的银行存款和其他货币资金，即企业持有的期限短、流动性强、容易转换为已知金额现金、价值变动风险很小的投资等。

其中，一项投资被确认为现金等价物必须具备的四个条件如图 9-1 所示。

图9-1 投资被确认为现金等价物的条件

以上四个条件必须同时具备，这项投资才能被确认为现金等价物。

自从20世纪80年代开始，企业流行的理念是给其公司尽可能地瘦身，外包除核心业务以外的其他业务，在全球范围内扩张零库存管理体系，大肆举债利用财务杠杆。注重储备现金的公司，即使优秀如丰田和微软，也陷入了质疑之中。

但随着世界性金融危机的迫近，在2009年10月10日下发的《关于做好2010年度中央企业财务预算管理及报表编制工作的通知》中，国资委明确要求，"2010年，各中央企业预算管理中要继续坚持'现金为王'的理念，以现金流量管理为核心，细化资金预算安排，高效配置企业财务资源"。

这是因为，一方面，国际金融危机影响企业的各方面不确定性因素增多；另一方面，目前国有企业的资产负债水平仍然较高。因此，国资委再三强调：充裕现金流对企业平稳发展的重要性。

对于世界经济来说，现金短缺是个大问题，因为随着公司削减其可自由支配开支，其结果很可能导致凯恩斯在《就业、利息和货币通论》所提出的"节俭悖论"。每个公司考虑到自身利益缩减开支，又会进一步损害到世界经济使之放缓，从而使每一个人的利益受到损害，并终将影响到企业自身。

李嘉诚是中国香港"四大天王"之一，企业发展到现在，李嘉诚认为对于企业来说，最重要的就是"稳定的现金流量"。李嘉诚经历过几次经济大萧条，金融危机对社会经济到底有多大影响，他有切身体会。"保守"，是他的法宝之一。2008年下半年，李嘉诚宣布停止一切投资，同时收回在上海、中国香港等地的房产投资，集中资金保证企业顺利度过这个萧条时期。据统计，李嘉诚总共收回了 200 多亿美元的资金，其中 70% 是现金，30% 是国债。

在硅谷，著名的风投——红杉资本告诉他们所投资的小企业珍惜每一分钱，裁员、缩减回收现金流慢的投资项目。与此相呼应的事件是：完美"裁员门"事件后，网易、网龙、久游等相继曝"裁员门"。

著名经济学教授郎咸平在镇江企业的经济形势分析会上表示，企业要生存，稳定的现金流量是基本保障。金融危机对我国经济会影响多长时间，会产生多大的影响，谁也不能给出正确的答案。在目前所有形势都不明朗的前提下，企业最好的策略就是持有大量现金，保证企业安全度过这个时期。

一些缺少现金流的企业就更需要拿捏好分寸以确保稳定。在短期内来看，过去的一些推高股价的操作手法现在无异于自杀。即使股价如巴菲特所指出的那样便宜，过于丰厚的分红和大规模股票回购仍然会被看做鲁莽的行为。资金——银行存款的形式对于企业的健康稳定是必不可少的。

同样，零库存理念在当前形势下也被质疑。压缩供应链不再被看做是一个行之有效的办法。因为企业需要足够的现金来保持供货商幸免于难，以免造成连锁反应——"零库存理念"让位于"以防万一"。对于企业的领导者来说，接下来最重要的工作或许是重新规划其发展战略。

其实，对于每一个经济低谷期，企业的成功与失败并非取决于他们在哪方面缩减了开支，而是他们在哪些方面没有缩减开支以及他们是如何缩减开支的。毫无疑问，那些急于削减财务负担而裁员的企业最终将会在人才市场上伤害到自己的利益。衰退期也被视为推出新商业理念的好时机，因为优秀的企业可以摒弃不切实际的快速扩张计划。比如甲骨文和微软恰恰就是产生在经济低谷期。

☺ **财务知识小贴士**

"节俭悖论"：

这是凯恩斯最早提出的一种理论，也称为"节约反论"、"节约的矛盾"。

凯恩斯认为在社会经济活动中，勤俭节约对于个人或家庭来说是美德，然而对于整个社会来说，节约意味着减少支出，迫使厂商削减产量，解雇工人，从而减少了收入，最终减少了储蓄，造成有效需求不足，阻碍经济发展和产量、就业增加。

磨刀不误砍柴工——吃透企业现金流量变现

> 如果让我在利润信息和现金流量信息之间作一个比较选择，那么，我选择现金流量。
> ——哈罗德·威廉斯

在 2008 年金融风暴中，资金链紧张的企业纷纷落马。一起房地产公司老板集体失踪事件吸引了公众的眼球。10 月，浙江金华的当地十佳企业集团之一——浙江中港控股集团有限公司旗下的浙江中港房地产开发有限公司高层集体失踪，法人代表厉鸥据传已逃往国外，集团实际控制人丁庆平也"消失"了。据称，该开发商民间借贷资金高达近 1 亿元，因资金链问题，遂集体出逃。

中港房地产成立于 1996 年，是一家拥有省级房地产开发二级资质的综合经营公司，该公司连续三年被金华市政府评为"重合同、守信用"单位；被人民银行评为"金华市百家守银行信用企业"，银信等级为 AAA；并获多项殊荣。

但是，中港在外面借了很多钱，包括银行和民间借贷的。有账可查的银行的借款大概 4000 多万元，以公司名义向民间借贷的资金约 9000 多万元，以其他名义进行民间借贷的资金就难以计算了。这部分民间借贷资金主要来源于同属金华地区的义乌，利息为月利 3~6 分。"那么高的利息，在经济好的时候还行，现在整个房地产市场不景气，所以问题马上就暴露出来了。"一位知情人士表示。

"很多企业的资金链都很紧张，但都在借钱'拆东墙补西墙'，其中不乏有名的企业。不过，很多时候借的钱只够还利息。这样下去，这些企业很可能下半年都要倒下。"义乌某民间放贷人士担忧地说，现在利率已到了让人恐怖的数字，以前都是银行贷款到期，向民间借贷掉个头偿还贷款，但现在很多企业把民间借贷当成流动资金。

究其原因，关键还是企业利润下滑得厉害。

现金、时间价值和风险是财务管理的三大支柱概念。1997 年日本著名企业八佰伴集团因资金周转困难而倒闭，一时间舆论哗然。八佰伴集团乃世界知名企业，然而，就是这样一家大集团却被现金流一夜之间宣布了死期。可见，过去人们认为一个企业只有亏损才会倒闭的想法，在市场经济环境下是过于乐观的。一个企业可能不会因为亏损而立即破产，相反，即使有利润，但没有钱也会马上破产，其中的奥秘，就在于资金的周转。所以说，现金流是企业生存和发展的血液。

特别是在国际金融危机的大环境下，对于处在创业中期正在成长中的企业来说，现金显得尤为珍贵。而对处于创业早期的企业或者小公司来说，现金就是一切。实际上，现金流动性产生问题是导致中小企业破产的主要原因之一。不少企业陷入经营困境，并非因为资不抵债，而是由于暂时的支付困难；而有些企业在亏损的情况下却仍然能维持经营，其根本区别就在于资金调度是否得当。

简单地说，现金流量就是在一段时间内流入或流出企业现金账户的钱，即某一时期内企业现金流入和流出的数量。其公式为：

当期现金净增加额 = 经营现金净流量 + 投资现金净流量 + 筹资现金净流量

编制现金流量表并分析流量表，可以披露出企业现金的来龙去脉，反映企业在经营活动、投资活动和筹资活动时现金流入流出的影响。虽然利润损益表也可反映企业的获利水平，但利润表中所反映出来的数据是有弹性的，有的甚至是虚的，而现金流量表则能够更好地反映企业的真实获利能力。

上海宝钢实行的就是以现金流量为中心的财务预算，而且公司制度是要求每天编制现金流量表。由此可见，现金流量对企业有着生死攸关的影响和作用。因为企业各部门都是现金收支的环节，因此，现金流量是他们共同的管理对象。

现代企业都非常重视现金管理，因为现金直接表现为财富的货币形式，并且现金的流动性非常强，在管理上有一定的难度。面对暂时的销售额下降或新出现的竞争对手，一个企业只要不是太捉襟见肘，都不难处理。但若是没有必要的现金来维持日常的开支，企业就可能面临破产。所以，预测和计算现金流是一个非常关键的财务控制点。

需要注意的是，现金流分析的是现金收入和现金支出，而不是收入和费用。通过业务单据—凭证—账表的一系列账务处理，可以帮助企业实现从财务核算向财务分析乃至决策支持的职能转换。此外，还需要注意的是，企业现金形式的转换不会产生现金的流入和流出。例如，企业用现金购买短期国债，是企业现金与现金等价物之间的转换，并不属于现金流量。

财务知识小贴士

巧用"反向现金流"融资：

反向现金流融资就是项目融资形成的现金流，恰好与项目运作形成的现金流相反，这样，整个项目资金流得以平衡。

这种融资方式使用的项目是：前期完成大笔资金的投入，后续逐步获得现金回款。"反向现金流"相互冲销平衡整个项目的现金流。

大象的测量方法——现金流量结构的分析

> 只有读者自己才能看见完整的大象。它可能存在，但不存在于这些文章的章节内，而只是存在于你的思想见解之中。
>
> ——亨利·明茨伯格

2010 年 8 月 30 日，刚刚通过换壳的方式在纳斯达克上市不到半个月的酷 6，面对当季财报不无尴尬。因为财报显示，公司 2010 年第二季度净亏损扩大至 1180 万美元，相比第一季度净亏损额 1040 万美元，增加了 140 万美元。2009 年同期净亏损为 1090 万美元。财报公布当天，酷 6 传媒股价跌至 2.8 美元左右。

根据酷 6 的现金流量表上公开的数字，可以明确的一个事实是：酷 6 手中的现金正在大幅度减少。2010 年一季度，酷 6 持有的现金流为 5264 万美元，而第二季度则骤降至 1287 万美元，几乎损失 3/4。有记者就吴征出任酷 6 董事长一事询问业界看法时，一位和其颇有私交的人士下意识地认为这将是又一场"资本游戏"。

稍微有点现金流常识的人都知道，很多时候，现金流对企业的意义比利润还要重要。企业不会因为没有利润而破产，但是会因为没有现金而倒闭。企业的现金流量根据用途，可划分为经营、投资及结构融资三个活动分类。通过分析各种现金流量的方向构成及其对企业财务状况的影响，在浅层次上，可以知道一个组织在短期内有没有足够现金应付开销；在深层次上，可以看出不同现金流量会产生怎样的财务状况及后果，以便及时作出对策。

过去的企业经营都强调资产负债表与损益表两大表。然而随着经营的扩展与复杂化，企业对财务资讯的需求也日见增长。1988 年 7 月，美国财务会计准则委员会（FASB）决定把"现金流量表"作为一种新的会计披露方式，它作为一个分析的工具，主要作用是决定公司短期生存能力，特别是缴付账单的能力。

> 实际上，"现金流量表"很早就存在了。清朝的商人记流水台账，包括当日的进、出货数量和金额。当时还没有保险柜，商人们通常会准备一个结实的蓝印花布包袱，将钱全收在包袱里。到月底的时候，再把包袱里的钱抖出来清点，看跟账本上的数字有没有出入。如果没有出入，这现金账就算轧平了。

现金流量表的现金流的基础是收付实现制，不会因为会计标准的不同而有所区别，这点从它还以商人们的"蓝色印花包袱"的形式存在时就已经决定了。美国财务会计准则委员会（FASB）在解释现金流量表的特点时这样说道："现金流量表很少涉及确认问题，因为一切现金在其发生时均已予以确认。报告现金流量不涉及估计或分配。同时，除了在现金流量表中有关项目分类以外，也很少涉及判断。"

现代企业的现金流量表的编制有两种方法，如表9-1所示。

表 9-1　现金流量表编制方法

方法名称	具体做法
间接法	从损益表的结果出发倒推现金流的变化
直接法	纯粹以现金的流进流出为记账原则

无论用哪一种办法，结果都是一样的。因为改变会计方法一般不会影响到现金流量表。对一般公司，制造假利润比较容易，但是要制造假现金流相对困难，因为公司的现金数额要和银行里的公司存款余额平账，除非连夜赶制假钞或者串通银行人员，否则现金额不会无中生有地多出来。这对于假账的制作者来说不啻是个挑战。从这个角度来说，现金流量表是对会计计算公正性的一个补充。

现金流量表分析指标体系主要有四项内容，内容见表9-2。

通过对现金流量的结构进行分析，可以使报表的使用者进一步了解企业财务状况的形成过程、变动过程及变动原因等。一般来说，如果现金流量表显示，企业现金流入占现金流出的比重比较大，就说明企业的经营状况较好，财务风险也低，即现金流入结构较合理。

表9-2　现金流量表分析指标体系

分析内容	具体项目
获现能力分析	销售现金比率、总资产现金流量率、每股经营现金流量
盈利质量分析	净利润经营现金比率、营运指标
偿债能力分析	现金流量比率、现金利息保障倍数、即付比率
发展能力分析	现金股利支付率、再投资现金比率

😊 **财务知识小贴士**

营运指数：

营运指数是指企业净利润与经营活动现金净流量之比，反映企业经营活动创造或获取现金的能力。该指标数值越高，说明企业经营活动获取现金的能力越差。因此，营运指数应越低越好。

流水不腐——现金收支能力分析

> 人生在世，不为利，就为名。做生意也是一样，冒险值不值得，就看你两样当中能不能占一样。
>
> ——胡雪岩

2010年年初，业内就普遍预计，房企资金链压力将在四季度显现。房地产的第三季度财报显示，房地产业无疑是本财季现金流最不足的行业之一。根据56家房企已经公布的三季度财报来看，三季度经营性现金流量净值为-521.83亿元，而去年同期为+392.93亿元，下滑幅度达到233%。相比之下，在目前已披露三季度财报的公司中，食品饮料、公共事业和餐饮旅游等行业的经营性现金流同比均出现不同程度的上升。这说明业绩增长的可持续性较好。但是分析人士也指出，如果经营性现金流持续偏高，也说明企业再投资的意愿不强。

分析人士还指出，我国房地产企业的开发资金主要来自三个方面：企业自有资金、国内贷款和预售款。在预售款监管趋严、直接融资受阻以及信贷调控的情况下，房地产业被迫需要依靠自有资金维持运转，资金链压力的与日俱增可想而知。

在企业的一项经营活动中，资金的投入和收回往往是在不同时间陆续发生的，它表现为各个时点上的现金流入和流出，因而形成一个现金流。所以，国家年初开始对房产业的调控措施，要到年底才会在现金流量表上明显体现。可见，现金流是指不同的时点具有不同值的多重现金流动，是对一项经济活动中现金流转的形象描述。为了便于分析和计算，可以借助于图形将现金流表示出来，其绘制的方法是：以横轴表示时间，每个区间代表一个时间单位（如年、月、日），在横轴各点上的垂直线段表示各时点的现金流量。

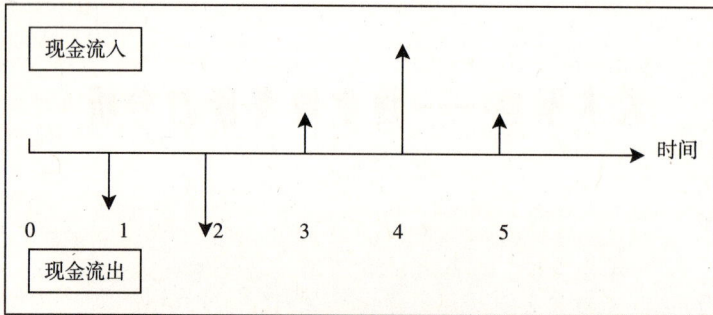

图 9-2 现金流的绘制

现金流量表按企业经济活动的性质，可以分为三大类，即经营性现金流、投资性现金流和筹资性现金流。

表 9-3 现金流分类

现金流种类	为正数	为负数
经营性现金流	说明企业产品有市场，能够及时将货款收回，同时企业付现成本和费用控制在较合适的水平上	则企业所生产产品销售可能存在问题，回款能力差，或付现成本较高
投资性现金流	说明企业资本运作收效显著，取得投资回报或变现部分投资等	表明企业可能采取了扩大生产，或参与资本市场运作
筹资性现金流	表明企业通过银行及资本市场筹资一定数量的资金，要关注筹集资金的投资动向	表明企业自身资金周转进入良性循环，企业债务负担已经减轻。但也有可能反映企业资金筹集出现困难

将三类现金流量结果组合后综合分析，企业现金流量构成关系的可能性情况，见表 9-4。

表 9-4 现金流量构成关系的可能性情况

经营性现金流	投资性现金流	筹资性现金流	分析结果
正	正	负	企业比较健康而且成熟，经营活动和投资活动已经产生现金回报，企业有能力向投资者支付报酬和偿还债务
正	负	正	仅仅依靠经营活动产生的现金流量已经不能满足扩张的需求，企业需要另外筹集资金
正	负	负	企业依靠经营活动产生的现金流量能够满足对投资者的回报，并且同时满足企业扩张的需求
负	负	正	企业经营活动现金不足，需要依靠筹集资金来满足企业经营产业调整和企业扩张的需求

续表

经营性现金流	投资性现金流	筹资性现金流	分析结果
负	正	正	企业正常经营活动可能出现问题，企业通过筹集资金来满足日常经营活动及企业产业调整的资金需求
负	正	负	企业靠处置固定资产、无形资产和其他长期资产来回笼现金，用以弥补经营活动的现金短缺和偿还债务
负	负	负	毫无疑问，企业因经营不善，只能依靠前期积累来维持日常经营活动，偿还债务

财务知识小贴士

编制现金流量表的口诀：

看到收入找应收，未收税金分开走；

看到成本找应付，存货变动莫疏忽；

有关费用先全调，差异留在后面找；

财务费用有例外，注意分出类别来；

所得税直接转，营业外去找固定资产；

坏账、工资、折旧、摊销，哪来哪去反向抵销；

为职工支付的单独处理。

不如退而结网——探寻企业现金流量的运作

> 一个明智的人总是抓住机遇，把它变成美好的未来。
>
> ——托·富勒

企业的投资运营，离不开三条业务主线：现金流、物资流和技术流。其中，现金流是物资流和技术流的基础。因为没有现金的投入，物资的经营流动和工艺技术的应用革新都无从谈起。归根结底，从商业逐利的角度来看，企业的一切投资运营活动都是价值流，价值流的根本形式就是现金流。

投资创业普遍存在两种思维：

（1）根据自有资金和筹措能力选择投资的项目，用资金规模决定项目规模；

（2）根据选择的项目来筹措资金，以项目规模决定资金规模。

但是不论哪种模式，离开了现金流规模与物资流和技术流规模的匹配，必然造成战略的失衡，失衡的战略早晚会带来战术的失败。所以，战略匹配是协调平衡的基础前提。

增加企业现金净流量的措施无非就是扩大现金流入，减少现金流出，即俗语所说的开源节流。企业现金流的预算，往往会因为主客观情况的变化脱离预设的计划和轨道，使得开源节流现金运作计划无从实现。因此，留有余地是匹配现金流量必须坚持的谨慎态度。

企业匹配现金流量所要考虑的三个方面的内容，如图9-3所示。

不同企业的现金流运作具体方式不同，但影响企业经营性现金净流量的因素不外乎本质性因素和浮动性因素。本质性因素主要体现在税后利润、折旧和资产减值准备。浮动性因素体现的是企业的债权债务，主要有应收应付、预收预付款项。所以，增加经营性现金净流量主要是从本质性因素着手，兼顾考虑浮动性因素手段。

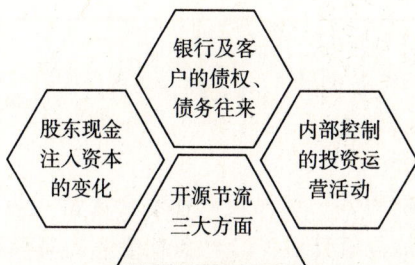

图 9-3 企业匹配现金流的有关三个方面

总的来说，企业增加经营性现金净流量、筹融资现金净流量基本措施，不外乎七条，见图 9-4。

一、提高销售价格增加收入、增加利润；
二、扩大生产经营规模增加收入、增加利润；
三、以边际现金流量为最低标准盘活不良资产，增加现金流入；
四、优化资产结构和投资结构，利用闲置资金资源增加投资收益；
五、实行款到发货应收尽收，保证货款及时回笼；
六、利用卖方市场收取销售定金、押金和预收账款；
七、争取退税政策和财政补贴，增加补贴收入。

图 9-4 企业增加现金流措施

影响企业现金流的因素很多，股东、债权人、往来客户和企业内部生产管理影响现金流运作；国际国内经济环境、国家政策、行业状况影响现金流运作；市场竞争、社会思潮影响现金流运作；甚至政治、军事和气候等因素都可能让企业的现金流生命线出现障碍和危机。对于企业来说，没有永远的成功，只有相对的失败。所以，只有把风险当做常态，才能把握现状，使企业在现金流管理中处于进退自如的境地。

☺ **财务知识小贴士**

风险投资评价：

风险投资评价的第一步就是确定现金流量。其基本原则是：只有增量现金流量才是与项目相关的现金流量。其实际计算公式为：

营业现金流量＝税后利润＋折旧＝收入

只有在短期内就能产生足够的营业现金流量的项目，才是真正的具有高成长性的项目，才属于风险投资的对象。

第十章　谁不想一劳永逸

——预算可以告诉你答案

左手放大镜，右手导航器——财务的裙带关系

> 凡事预则立，不预则废。
>
> ——《礼记·中庸》

先问一个问题：如果你有一家企业，你会在什么时候把它出售呢？

☐成长期　　☐盈利期　　☐亏损期

这个问题没有标准答案，无论在什么时期出售都有其行得通的道理。不过，在美国资本市场上，有一个很有趣的情况是：国外的企业家看中一家挂牌企业后，一般都会先问这样一个问题：这家企业是由谁在经营？如果得到的答案是：中国人。这个企业家可能会很快失去兴趣，转头寻找下一家。而如果得到的答案是：经营者是犹太人。那么这个企业家大多就会选择与经营者谈一谈，成交的可能性非常大。

犹太人生意遍天下，但是我们很少在中国看到犹太人，据说是因为中国商人的精明程度其实并不亚于犹太人。但是为什么中国人出售的企业这么不受欢迎呢？

其实这跟中国人经营企业的观念有关。中国人出售企业的时候，往往是企业面临经营状况不佳、发展前景不太理想，并且儿女也不愿意接

手经营管理的情况。对于购买者来说，这种企业购买后很难取得理想的经营效果。

而犹太人的做法跟我们正好相反。他们会选择在企业处于快速成长期、能预测成长前景较好的时候出售。这种企业购买后有很大的发展空间，购买者能够看到自己将得到很好的经营效益和投资效益。因此也愿意为企业的预期价值支付比较高的价格。所以，犹太人出售的不单单是企业现存的价值，还包括企业预期的价值。

"人生就像滚雪球，最重要的是发现很湿的雪和很长的坡。"巴菲特一语道出了投资的真谛。如何找到"很湿的雪"，看出一个企业的预期价值，让其在长坡上滚成一颗大雪球，的确考验功夫。每个企业都会有自己的愿景，每个企业主也都会口若悬河地推销企业的发展前景，但是，最具说服力的还是通过分析财务报表来确定企业真实的身价。企业发展的明天在哪里？财务数据就是你的导航器。

图 10-1　利润——企业发展的明天

利润，首先当然是利润！

看利润，可以先从企业的销售收入来看，比如利润占的比例是多少。从毛利润的大小可以看出一个企业的进货商的情况。如果毛利润与销售额的比例大，则说明其进货便宜。

预计收益表综合反映企业预计利润的财务情况，它是预计企业经营活动最终成果的重要依据。

再看分红，分红可以看出公司是注重投资，还是注重短期的获利。

每股净资产也很重要。每股净资产数值越高越好。无论企业成立时间有多长，也不管企业上市有多久，只要净资产是不断增加的，特别是每股净资产在不断提升，都表明企业正处在不断成长之中。相反，如果每股净资产不断下降，则企业前景就不妙。

企业的现金预算主要反映的是企业计划期间预计的现金收支详情。通过了解初步的现金预算，可以知道企业在计划期间需要多少资金。现金预算的编制期应越短越好。为了有计划地安排和筹措资金，西方国家有不少企业以周为单位，甚至还有按天编制的。我国最常见的是按季和按月进行编制。

从营运资本，可以看出企业流动资产和流动负债的差额。企业的大多数项目需要额外的营运资本投入，因此，这种投资必须纳入预期现金流。同样，当项目终结时，运营正常的企业会回收部分投资，这部分投资必须看做是现金收入。

从流动资金和流动负债的比例可以看出企业偿还债务的能力。如果比例过低，可以从侧面说明企业管理效率不高；如果太高，则说明企业不善于投资。

要了解企业对其他方面消耗的管理情况，比如水电、办公用品之类，可以用净利润除以销售额。如果结果比较高，说明企业比较节省、管理有序；如果偏低，说明企业的效率不高。

必须指出的是，前述的各种经营预算、投资预算中的资料，都可以折算成金额反映在财务预算内。这样，财务预算就成为各项经营业务和投资的整体计划，故也称"总预算"。

☺ 财务知识小贴士

编制预算注意要点：

预算编制，一般有自上而下、自下而上等方法。在编制时，要注意各预算执行单位之间的权责关系，注意权责的划分、分解。预算管理体系中权责的不明，会直接影响到预算的执行和考核。

赢者的咒语——数字魔法的天下

> "不疾而速"，其实是在风险管理、信息收集、财务准备都齐备了的前提下，遇到机会，才能"一击即中"。
>
> ——李嘉诚

在 2003 年外行造车的冲动中，五粮液是最令人瞩目的一个。当年，当这家白酒行业的"领头羊"宣布要进入汽车行业时，引来的是各界对五粮液"酒后造车"的质疑和嘲笑。事隔多年，五粮液四面出击，却亏钱不少。外界纷纷质疑，认为五粮液多元化是"不务正业"。

2009 年年底，五粮液集团总裁唐桥公开表示，集团要厘清定位，要以方向性为主导，再细分市场。

其实，早在 2003 年，五粮液大张旗鼓进军汽车业的时候，就有业内人士提出质疑。一篇题为《王国春与五粮液的多元化之梦》的报道这样描写五粮液的造车梦："据了解，五粮液将生产个性化色彩较浓的车型，比如同样是轿车，他们可以根据顾客的要求设计轿车的颜色、款色、内部配置……"行业内人士指出："如果是制造业者，在说类似的话时，一定会考虑到'工艺'和'成本'两个概念：汽车改变颜色喷一次漆成本多少？改变款式开一副模具成本多少？"一句话，2003 年的五粮液的造车梦，有"不切实际"之嫌。

其实，当时为五粮液支招的人不计其数，如先并购，后合作；或者只管业务后端的营销和服务，托管前端的采购、技术和管理等，都不失为稳健可行的方式。而且，无论哪一种方式，支招者都不忘提出：在财务上，一定采用国际会计准则，哪怕因此会多缴税。这是确保汽车项目成为集团的一个持久稳定的利润来源的有力保障。

> 随着酒类相关产业资产被陆续投入上市公司，五粮液集团发展关联产业无疑已成空话，旧时的思路被"大产业"战略所代替。事实上，新一轮的多元化项目仍然是五粮液集团掘钱：2010年，因与华晨共同投资建设绵阳发动机基地的事实，五粮液造车一事再次受到业界质疑。
>
> 不过，据负责与华晨合作的普什集团办公室的相关负责人透露："新晨动力的合作项目，五粮液并没有参与太多，主要是资金支持，只派了财务方面的一个人过去。"这个消息似乎证明，五粮液的多元化的道路正日渐成熟。

其实，不论是五粮液这样的大型国企，还是普通的中小企业，或者是刚刚踏上创业之路的拓荒者，算清企业预算的财务账，都是从数字中发掘黄金的财富密码。

企业的财务预算就是处理资产的营利性和流动性，其核心是企业的现金预算。为了满足生产经营的需要，防止因现金不足而出现资本的循环与周转的中断，企业必须能够准确地预测出生产经营中的现金的需求量。通过对现金持有量的预先安排，可以使企业保持较高的盈利水平，同时也保持一定的流动性。通过现金预算，还可以根据企业资产的运用水平决定负债的种类结构和期限结构。

现金预算的具体作用，见图10-2。

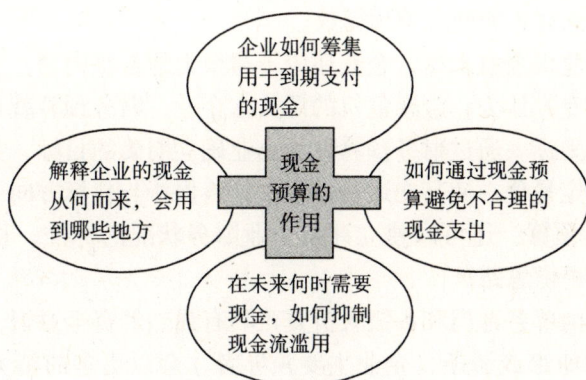

图10-2 现金预算的作用

企业现金预算的步骤，包括销售预算、生产预算、直接材料预算、应交税金预算、直接人工预算、制造费用预算、产品成本预算、销售费用预算以及管理费用预算等。

表 10-1　企业现金预算步骤及方法

现金预算的步骤	预算方法
销售预算	预算期末应收＝预算期初应收＋当期业务收入－本期经营收入
生产预算	预计生产量＝（预计销量＋期末存货）－期初存货
直接材料预算	预计采购量＝（本期生产需求量＋期末存货）－期初存货
应交税金预算	包括增值税、消费税、营业税、所得税、资源税、土地增值税、城市维护建设税、个人所得税等
直接人工预算	直接人工＝人员的工资预算＋缴纳的应付福利费
制造费用预算	制造费用＝变动制造费用＋固定制造费用
产品成本预算	产品成本＝单位产品成本＋总成本
销售费用预算	某期末产品变动销售费用现金支出＝该产品变动销售费用分配率×该期该产品预计产量
管理费用预算	管理费用现金支出预算＝全年管理费用预算总额－非付现成本

其实现金流的预算只是所有预算结果的一个汇总。通过以上数据的预算，企业就能很方便地计算出某期企业现金流的状况。为了确保最后现金流预算的准确性，企业首先应当确保各个环节预算的准确性。另外在编制财务预算的时候，还应将汇总的各项业务预算的数据及经济指标加以整理、分析，作为财务预算各表的有关预算数。

国际金融危机余波未尽，企业还应不遗余力地苦练内功，实施稳健的财务管理。很多专家认为，金融危机的源头在企业，财务预算就是企业经营行为的指路灯和坐标。通过财务预算，为企业确立明确的目标，并使目标具体化、系统化和定量化，使其在运行过程中始终保持与目标方向一致并不断前行。通过财务预算，还可以建立评价企业财务状况的标准，从而为堵塞漏洞、纠正偏差提供思路。

只有企业内部各部门和各级人员真正具有强烈的资金意识，才能形成企业资金管理的纽带或链条，企业主要领导者才会以更多的精力投入资金管理，财务部门作为资金的综合管理部门在资金的筹集、营运和监控等方面的独特职能，也才会有用武之地。

财务知识小贴士

流程再造大师詹姆斯·钱匹让财务预算更方便的六种方法：

一、尽量多做预算；

二、把预算分成两部分；

三、突出投资回报；

四、弄清实际需要；

五、换个角度看问题；

六、推进标准化进程。

只选对的，不选贵的——认清潜力

成功商人必须具备三个条件：现金或等值的经济实力；必须是精明的会计员和敏捷的数学家；最重要的一点，是要使用最有效的借贷记账法对经济活动进行记录。

——卢卡·帕乔利

在印度的热带丛林里，人们常常用这种奇特的狩猎方法捉到猴子：把猴子爱吃的坚果装在一个固定的小木盒里，木盒上开一个小口，刚好能让猴子的前爪伸进去。猴子有一种习性：不肯放下已经到手的东西。一旦猴子抓住坚果，爪子就抽不出来了，却又不肯松开坚果，只能吱吱乱叫等待人们的捕捉。

有时候人也不见得比猴子聪明。美国电话电报公司前总裁卡贝提出：对于长期追求的目标来说，放弃某些短期的利益有时比争取更有意义，这就是卡贝定律。如果努力争取的东西与目标无关，或者目前拥有的东西已成为负累，或者劣势大于优势，那么还不如放弃。

著名的 Intel 公司有过两次相类似的经历：一次是放弃 Intel 赖以起家的产品——存储器，只从事 CPU 的研发改进与生产，从一家存储器公司转型为 CPU 公司；另一次是放弃 RISC 型的 CPU，主推 CISC 型的 CPU。这两次放弃的共同点，都是放弃目前看上去最赚钱的产品选择更有潜力的产品。市场证明 Intel 公司的选择是正确的：Intel 公司一直处于业内领先地位，并保持利润增加。

从 2009 年起，为有效地应对金融危机的不利冲击，不少企业纷纷把预算编制的时间往前提了，从以往的 11 月份提前至 9 月份。但是，财务预算的一些常见错误还在继续。这其实并不利于企业预测市场的潜力。

企业预算常见错误，如图10-3所示。

一、不做上年预算回顾和分析；
二、预算仅是财务部门的事情；
三、预算编制脱离公司战略；
四、预算与核算能力相脱节；
五、预算手册模板设计缺乏系统考虑；
六、没有明确编制预算原则；
七、不能兼顾预算灵活性与严肃性。

图10-3　企业预算常见错误

根据摩根士丹利2010年中国经济报告中对中国财政的压力测试表示："在基本情形下，政府债务占GDP的比重在2012年达到53%的顶峰，然后开始逐渐下降，至2020年下降至50%。在乐观（高增长）情形下，政府债务占GDP的比重在2012年达到52%的顶峰，然后快速下降，至2020年回落至45%以下。在悲观（低增长）情形下，2020年以前政府债务占GDP的比重将持续上升，达到国际较高水平。"

国际金融危机的影响还没有完全平息，欧洲债务危机又起新波。2010年年底，我国官方研究机构研判：国际金融危机的影响很有可能持续到"十二五"前半期，并提醒企业管理的要务是做好财务预算，稳步过冬。以下是一些全面财务预算常用的方法，企业财务管理者可以有机结合使用，最大化地发挥预算的功用。

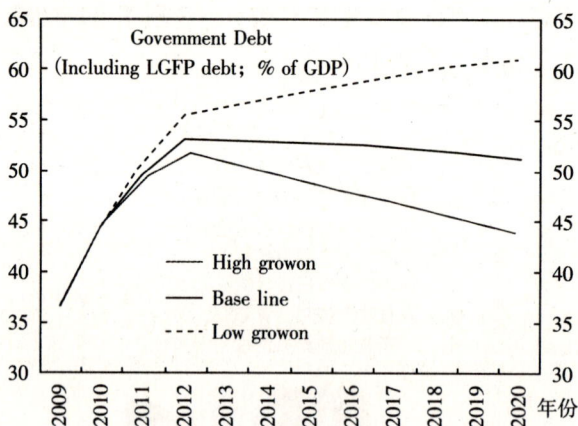

图 10-4　在不同情况下中国政府债务水平的演变轨迹

资料来源：《摩根士丹利中国经济研究报告》——2010.3.30。

表 10-2　预算的分类

预算名称	定义	适用范围
固定预算	根据预算期内可实现的某一固定业务量水平为唯一基础来编制预算	适宜业务或财务活动比较稳定的企业和非营利性组织
弹性预算	根据成本形态与其他因素的依存关系，预算期内业务量可能发生的范围	在不能准确预测预算期业务量的情况下的预算
零基预算	对于任何预算期的任何预算项目，其预算数额都以"零"为起点	不受前期预算影响，能压缩费用支出，促进各部门去精打细算
增减量预算	是指在上期预算执行结果情况下，相应地调增或调减下期预算项目的数额	在前期预算执行结果的基础上进行调整，受前期既成事实影响
滚动预算	预算永远保持在 12 个月，每个月都根据实际情况进行调整	有利于实行长计划、短安排的方式
基础预算	根据基础数组设定，体现维持最低水平的运营所需要的最少资源	以基础数组为预算的底线，较好地解决传统产业预算编制问题

☺ **财务知识小贴士**

概率度量法：

概率度量法是一种结合定性分析的定量分析法，将它应用于应收账款风险预测，可以更精确地判断应收账款的坏账发生的可能性。它的实施步骤是：

第一步，确定收不回来、能收回来两种情况下的主观概率。

第二步，计算收益期望值，它实际是按概率分布计算的加权平均值。

第三步，计算方差和标准差。

这一措施在稳定客户的同时，也有效控制了可能的坏账损失带来的风险。

转嫁的砝码——财务费用

> 运筹帷幄之中，决胜千里之外。
>
> ——《史记》

2010年11月10日晚，央行宣布将商业银行存款准备金率上调50个基点。据《投资者报》观察者称，央行一个月内两次收缩信贷，严格控制流动性过剩引发通胀风险，表明我国已经进入了加息通道。

加息对于大多数上市公司来说，最直接的影响是财务费用的增长。一般而言，高负债经营的行业，财务费用也相对较高。例如，对A股公司的统计结果表明，上海电力的财务费用压力名列第一。

上海电力2010年前三季度的财报显示，其财务费用已经高达6.5亿元，而同期净利润只有210万元。业内人士推测，若加息引发上海电力财务费用的继续上升，第四季度公司的利息支出继续增长，不排除全年因此而出现亏损。

加息对上市公司具体的影响程度跟上市公司的负债率密切相关，对不同的行业影响程度也不一样。靠高贷款生存的企业将直接加重相关的利息负担，增加财务费用。2010年前三季度，虽然央行并未加息，但从总体来看，上市公司的财务费用已经有所增长，一共有235家公司的财务费用占净利润比重大于100%。如果加息，这些公司都将存在较高的利息增长压力，并对盈利构成较大影响。

不过，观察者也指出，有一些公司还可能将受益于加息。原因在于，这些公司的存款规模远远超出贷款规模，使其利息的收入超过利息的支出。

财务费用是企业为进行财务管理而发生的各项费用，主要包括利息净支出、汇兑净损失、金融机构手续费和其他因资金管理等理财活动而发生的费用。财务费用的控制好坏，体现的是公司对资本结构掌控的能力和水平。

利息净支出包括短期借款利息、长期借款利息、应付账款利息、应付票据利息、预收账款利息、应付债券利息、可转换债券利息、货币市场基金等，企业银行存款获得的利息收入应冲减上述利息支出。

《利息支出及收益明细表》的基本样式，见表10-3。

表10-3 《利息支出及收益明细表》的基本样式

摘要	总额度	利率（%）	税率（%）	税后利率（%）	利息成本或收益（%）
短期借款					
长期借款					
应付账款					
应付票据					
预收账款					
应付债券					
可转换债券					
货币市场基金					
……					

根据《利息支出及收益明细表》显示的高成本债务，企业应尽量选择低成本资金进行偿还。具体措施包括但不局限于四个方面，见图10-5。

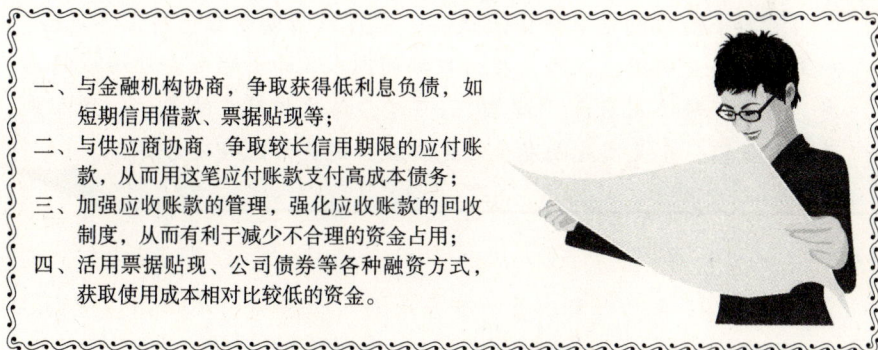

一、与金融机构协商，争取获得低利息负债，如短期信用借款、票据贴现等；
二、与供应商协商，争取较长信用期限的应付账款，从而用这笔应付账款支付高成本债务；
三、加强应收账款的管理，强化应收账款的回收制度，从而有利于减少不合理的资金占用；
四、活用票据贴现、公司债券等各种融资方式，获取使用成本相对比较低的资金。

图10-5 高成本债务偿还措施

企业在兑换外币时，银行买入、卖出价与记账所采用的汇率之间会有差额。这种由于市场汇价与实际兑换汇率不同而产生的损失，称为汇兑损失。

由于受到欧元汇率波动的影响，2010年上半年，在沪深两市已经发布中报的上市公司中，228家公司上半年汇兑损益额为-1.65亿元，和去年同期-1364万元相比，汇兑损失增长了11倍。

业内人士指出，在人民币对美元保持"小步快走"的升值态势下，很多国内企业开始放弃美元转用其他货币主要是欧元结算。因此，欧元汇率的变化"牵连"到不少出口企业，从而加大了业绩的波动。

不过，从财务分析的角度来看，汇兑损失对现金流以及净资产的影响不大，因此并不会过多影响公司的长期价值。汇兑损益真正影响的是公司的账面利润。出口型企业可以充分利用外汇理财产品、合理运用出口信用保险等手段，合理转嫁这部分财务费用。

为减少企业的财务费用，总会计师应根据本企业生产经营的特点和需要，做好资金需求计划，使用合理的融资渠道及方式。同时，还须注意做好投资的可行性研究分析工作，避免盲目投资导致公司的资金和利益受损。

财务知识小贴士

汇率平衡机制：

汇率平衡机制是一款保险产品，它可以帮助企业化解汇率风险。如果出口企业购买该保险，在出口期间因人民币升值给企业造成的损失，将由保险公司负责"埋单"；不过，与此相对应的是，一旦人民币出现贬值，企业因此而发生汇兑收益，则将归保险公司所有。

上缴的白银——财务税收

> 纳税天经地义，避税合理合法。
>
> ——《塔木德》

犹太人有很多脍炙人口的经商格言，"绝不漏税"也是其中之一。众所周知，犹太人以能够纳税为一大光荣。这条格言就是体现了他们强烈的纳税意识。

有这样一个实例：一个瑞士人从海外旅行归来，将一颗宝石藏在鞋里企图偷税入境，当然被海关查出，宝石也被扣留。跟他同行的犹太人十分奇怪地问："为何不依法纳税，堂堂正正地入境？"

瑞士人说："按照国际惯例，那可是8%的税啊！"

"是啊，"犹太人说，"像宝石之类装饰品的输入费，一般最多不会超过8%，如果照纳输入费，堂堂正正地进入国境，若想在国内再把宝石出卖时，只要设法提价8%就行了，这样简单的计算方法，小学生都会。"

可以说，犹太人的依法纳税，看起来很迂，其实是真正精明而且智慧的做法。千百年来，犹太人之所以能在异国他乡长期定居，并且赚的钱比本土国民还要多，在很大程度上都归功于"绝不漏税"。

犹太商人在做一笔生意之前，总是要首先经过认真的计算，这笔生意是否能挣钱。他们在计算利润时会先除去税款。这就是犹太人精打细算的风格。例如，一个犹太人这样说："我想在这场交易中赚10万美元的利润。"他所讲的10万美元利润中绝对不会包括税钱。

当然了，谁都愿意自己多赚点钱而少交税。所以，合理避税在犹太人看来，也是天经地义的事情。犹太人不会像一般的"聪明"人那样去偷税、漏税、逃税，而是想出其他绝妙的办法来避税，好让自己多赚点利润。

他们总结出了一套合法避税的理论，见图10-6。

一、合法避税是经营活动与财务活动的有机结合，要在国家税收法律法规许可的限度内，做到合理合法。

二、合法避税是经营时间、地点、方式、手段的精巧安排。决策者应该巧妙安排经营活动，努力使避税行为兼具灵活性和原则性。

三、合法避税是会计方法的灵活运用，以避税行为增强企业的市场竞争力。

四、合法避税是决策者管理水平的体现，需要充分研究有关税收的各种法律法规，努力做到在某些方面比该国家的征税人员更懂税收。

图 10-6　犹太人的合法避税理论

根据我国财务制度的规定，企业材料费用计入成本主要有先进先出法、加权平均法、移动平均法、个别计价法、后进先出法等几种计价方法。不同的计算方法，产生的结果是不同的，企业成本、利润及纳税额也是不同的。相对来说，先进先出法的成本费用较低。

表 10-4　企业所处不同税期及应采取的成本计算方法

企业所处税期	利润和所得税情况	建议采取的成本计算方法
免税期	利润越多，免税额越高	先进先出法
征税期	利润越多，则缴纳所得税越多	后进先出法

固定资产折旧也是成本计算中很重要的内容。所谓折旧，就是指固定资产在使用过程中，通过损耗转移到产品成本或商品流通费中的那部分价值。固定资产折旧的计算方法很多，常用的折旧方法有使用年限法、产量法、工作小时法、加速折旧法。不同的折旧方法对纳税企业会产生不同的税收影响。

折旧并非是现金支出，其重要性就在于它可以抵减应收税收入。由于使用年限本身就是一个预计的经验值，使得折旧年限容纳了很多人为的成分，为避税筹划提供了可能性。通常企业都会有两套乃至三套账。在给股东的账册上用直线折旧法，而在纳税报表上用加速折旧法。这样，企业的盈利表现就会高于普遍采用加速折旧时的利润水平。

合法避税是一种财务手段，但是，避税不应该成为从商者的根本目的。

即使有合法避税的初衷，如果过分玩弄避税技巧，就会陷入恶意避税的深渊。更主要的是，哪怕再高明的避税者，也不可能通过避税的方式发家致富。避税，或者说研究财务避税的根本目的，应该是"促使管理者对管理决策进行更加细致的思考，进一步提高经营管理水平"。

财务知识小贴士

怎样用计提固定资产折旧避税：

方法一：将装修等可以费用化的内容一次性计入成本费用中，这样就可以准确核算成本费用和应纳税所得额，起到税务筹划的作用。

方法二：在税率稳定的情况下，缩短折旧年限有利于加速成本收回，可以使后期成本费用前移，从而使前期会计利润发生后移，相当于向国家取得了一笔远期贷款。

成长的蛋糕——财务预算体系

> 企业要切实树立"精核算、善管理"的大财务理念，将财务管理与生产经营各个环节有机结合，做实做细全面预算管理，以不断提高财务管理水平。
>
> ——作者

世界经济全球化程度日益深化，各国之间经济依存度也越来越高，对会计准则国际化的呼声也越来越强。纵观会计准则国际化的进程不难发现，会计准则国际化是一个不断加速的制度变迁过程，也是经济全球化的必然结果。

在国际金融危机的背景下，2009年3月25日世界20国集团发布的《20国集团加强监管与提高透明度工作组（第一工作组）的最终报告》中提出"应采用单一一套全球会计准则"的呼吁，并建议"新兴经济体的代表更多参与到国际会计准则委员会基金会和国际会计准则理事会的框架中"。

由此可见，制定和执行一套全球统一、公认的会计原则（简称GAAP）已成为国际社会应对金融危机的重要举措之一。

改革开放30多年来，随着市场经济的不断发展，我国GAAP变革经历了三个阶段。

表 10-5　我国 GAAP 变革经历的三个阶段

变革阶段	时间	具体内容
第一阶段	1993 年	发布施行《企业会计准则》指引下的分行业会计制度
第二阶段	2001 年	发布实施融基本会计准则、具体会计准则以及原行业会计制度为一体的统一的《企业会计制度》和特殊行业会计制度

变革阶段	时间	具体内容
第三阶段	2006年	出台《基本会计准则》和38项具体会计准则及相关指南
	2007年	新的会计准则体系在上市公司实施
	2008年	新的会计准则体系在符合条件的国有企业实施
	2009年	所有大中型企业全面执行新的会计准则,《企业会计制度》逐渐退出历史舞台

> 2010年,我国继续致力于GAAP的中国特色和国际趋同关系。中国会计准则委员会秘书长王军表明:"既要坚持中国特色,又要妥善处理好与国际财务报告准则的趋同问题……我们有必要从促进与国际趋同的会计准则制定入手……提高我国会计的国际话语权,推动我国会计的规范化和国际化。"

外国企业集团的财务管理与统一核算体制既有世界通用的共同特点,又有自己的特色。这些特点和特色对于我们建立现代企业制度的财务管理有十分重要的借鉴意义。其财务预算控制制度就是一个很典型的例子。

财务预算体系是企业日常运营的重要工具,也是支持企业管理的重要流程之一,通过全面预算管理,可以量化公司的经营目标、规范企业的管理控制、落实各责任中心的责任、明确各级责权、明确考核依据,为企业的成功提供了保证。

20年前,著名的青年会计学家文硕就指出:"世界正走向我们,我们应走向世界。"通过对世界500强企业的考察,可以发现,企业的一切经济活动都围绕着财务预算后得出的财务目标的实现而展开。基于GAAP的企业的财务预算的编制严格围绕目标利润展开,主要特点见图10-7。

一、先成立由财务和各主要部门负责人组成的预算编制委员会;
二、在综合考虑产、供、销、管理等因素的基础上,确立企业的目标利润;
三、与各部门主要负责人协商同意后,将目标利润分解到各部门;
四、财务预算一经确定,企业各部门的生产经营及相关活动便围绕财务预算进行;
五、根据效益实绩,考核预算结果,兑现财务政策。

图10-7 基于GAAP的企业财务预算的编制

相比较而言，在中国现行的 GAAP 与国际主流会计准则 IFRSs 之间存在一个暂时不容易消除的"隔阂"。它严重影响我国会计实务工作者把握 IFRSs 的变化的及时性，因而影响财务预算体系的实效性，也影响我国会计工作在国际会计领域应有的积极作用。我国财务预算体系常见问题见表 10-6。

表 10-6　我国财务预算体系常见问题

常见问题	具体表现
预算与计划混淆	企业在预算时，将预算和年度综合计划混为一谈，没有把计划量化到月份或季度的预算，这样的预算不足以作为管理与考核的依据
财务部门监督无效	由于没有可以作为监督依据的有效预算，使财务部门不能区分正常支出和例外支出，失去有效的财务监督作用
缺乏预算差异分析	在分析预算执行情况时，仅有预算值和执行情况的比例计算的简单结果，而没有预算差异的定量分析，无法确定差异产生的原因
缺乏预算考核制度	企业预算的编制与执行相脱离，使预算失去应有的目标性和指导性，因而也丧失了预算的权威性和严肃性

特别是当企业发展到一定阶段时，财务管理层次、成本费用的控制等一系列问题便会不断出现，很多企业发展的"瓶颈"都源自于财务预算的不成熟。为了改变这种情况，向世界优秀企业学习全面财务预算的能力，具体可以从两个方面努力（见图 10-8）。

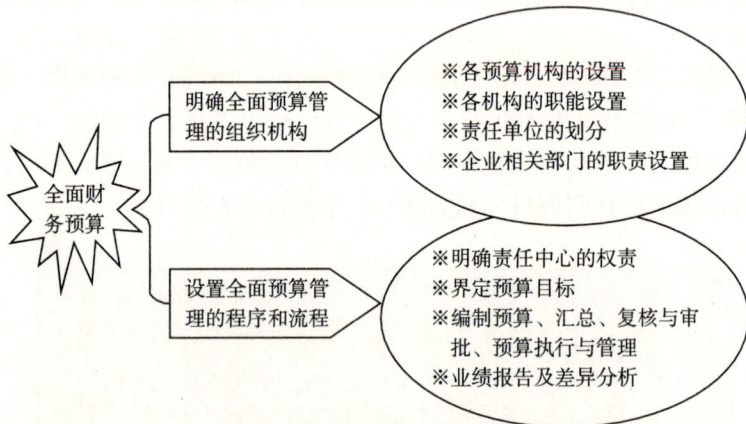

全面财务预算

明确全面预算管理的组织机构
- ※各预算机构的设置
- ※各机构的职能设置
- ※责任单位的划分
- ※企业相关部门的职责设置

设置全面预算管理的程序和流程
- ※明确责任中心的权责
- ※界定预算目标
- ※编制预算、汇总、复核与审批、预算执行与管理
- ※业绩报告及差异分析

图 10-8　全面财务预算内容

　　预算使企业的成本与费用的支出更加合理，也为企业绩效考核提供了依据，同时也减少了财务部门与业务部门之间的矛盾。通过全面预算，能简化各项支出的审批程序，增加决策的效率。企业应依据预算管理的原则、方法、流程和程序，实施预算管理并依据预算对责任单位和个人进行考核，使企业具有更强的市场适应力和核心竞争力。

> **财务知识小贴士**
>
> **衡量企业编制的预测财务报告是否合理的简单准则：**
> 它能否充分发挥优势、能否及时抓住机会、能否很好地克服劣势、能否有效规避风险。

汇总仓——会计财务

> 以逆群吏之治而听其会计。
>
> ——《周礼·天官》

会计是什么?

马克思在《资本论》中指出:会计是对生产经营的反映与控制。

马克斯·韦伯认为会计的本质是"按理性原则来核算和调节经济活动"。

霍斯金与迈克夫两位美国会计学家认为,会计的本质是试图为现代市场经济建立一个公正、公平的资源配置和运作的考核制度。

著名日本会计学家井凤雄治在《会计计量理论》中指出:会计是便于协调各利益集团之间财产经管责任的系统。

民国著名会计学家徐永祚认为:会计是一种改良中式簿记。

美国耶鲁大学夏思·桑德教授认为:会计是"保证组织契约的实施和推行"的工具。

我国会计学界的改革先锋葛家澍提出,会计是"扩大再生产过程中的资金运动"的核算。

……

毫无疑问,会计的本质和职能一直是学术界争论的焦点。认清会计的本质和基本职能以及它们之间的关系,大大有利于企业更好地发挥会计的管理、监督作用。

考察我国会计的发展史,可以知道,我国会计的发展主要经历了以下几个时期:

西周时期:出现了会计工作者——"司会";

秦汉时期:出现了早期会计账簿的雏形——籍书;

唐宋时期:有了专门的结账方法——四柱清册法;

明末清初：有了我国最早的复式记账法——龙门账；

清末民初：引进西方复式簿记，当时它与中式簿记并存；

民国时期：出现了《中式改良簿记》……

从历史回顾可见，会计的内容无非是控制、核算、调节、总结、保证等。从企业管理的情况来看，企业总是通过会计信息的反馈来指导自己的管理，最终管理的成果再反映在会计信息上，然后再优化管理，循环往复。可见会计在经济活动中的表现，就是从信息到管理再到信息的过程。

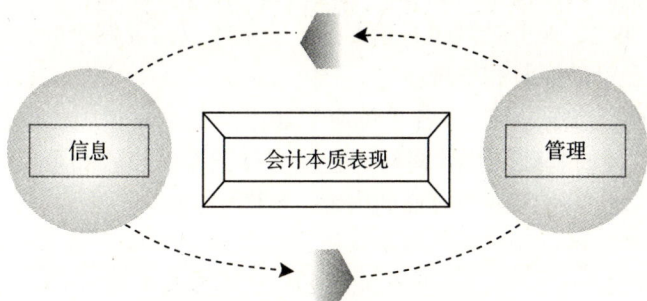

图 10-9　会计在经济活动中的表现

因此，会计的本质是信息系统和管理活动的结合，是信息、管理的混合体，即一个经济信息管理系统。

在企业财务管理中，会计和财务这两个概念很容易被非财会专业的人混淆。其实，这两者的差别是非常显著的。作为并列的两个经济范畴，会计和财务的区别，可以通过性质、地位、涉及范围与运动规律四个项目来区分。

表 10-7　会计和财务的区别

区别项目	具体内容
性质	财务的基本性质是一种以本金投入获得收益的活动
	会计的基本性质是一种价值信息系统
涉及范围	财务涉及的范围，包括资金投入与收益的全过程，即筹资、投资、耗资、收入、分配等内容
	会计涉及的范围是信息系统的全过程，包括会计信息的输入、储存、转换、输出、控制、反馈等内容
地位	财务处于主导地位，企业的一切管理都在围绕本金扩张和利润最大化的终极财务目标进行
	会计处于基础性地位，是财务的附体，通过提供各种财务信息的方式服务于财务管理和其他各项管理

续表

区别项目	具体内容
运动规律	财务的运动规律表现为本金和基金的运动相结合、本金和物资的运动相结合、本金在企业内部的运动平衡、资金运营的连续性等
	会计的运动规律表现为财务实体运动、会计信息运动、信息内部的协调平衡、信息输入与输出相结合等

随着改革开放的不断深入和市场经济的进一步发展，作为国际通用商业语言和一切资本游戏起点的会计的重要性在不断增强。会计工作的内容已发生了巨大的变化，业务处理也日趋复杂。企业不仅需要健全的法律保障，更需要加强对会计的监督和管理。

我国《会计法》规定："各单位应当建立、健全本单位内部会计监督制度。"会计监督的基础是会计核算，它是会计工作的核心和重点，从核算入手的会计监督主要包括四个方面的内容（见图10-10）。

一、原始凭证是会计核算工作的起点，要对单位的原始凭证审核监督；
二、要看会计资料是否符合国家统一会计制度规定；
三、要实现会计电算化，并检查软件是否符合国家统一会计制度规定；
四、要监督检查会计人员是否具备从业资格，会计工作者必须持证上岗。

图10-10　会计监督内容

财务知识小贴士

会计财务的"决策有用观"：

"决策有用观"认为，会计的首要目标是向决策者提供有用的信息，这决定了会计信息的提供应以决策者为中心。由于不同决策者对信息的需求是千差万别的，因此，在收益大于成本的前提下，提供的信息越多越好。

毛遂自荐——企业自身发展能力剖析

> 在今天，没有一个国家、一个企业能够脱离全球经济的发展而独善其身，因此我们必须把眼光放得更长远、胸怀放得更宽广。
>
> ——中钢股份董事会秘书　李可杰

上海某炼油厂是我国老牌炼油厂之一，具有730万吨/年原油加工能力，还能生产120多种石油化工产品的燃料、润滑油，是具有50多年历史的化工原料型的综合性炼油厂。

但是，作为一个生产型的国有老厂，该厂依然保持传统的管理体制。产品的生产、销售都由国家统一配置，该厂负责市场销售工作的只有30多人，日常工作只不过是做些记账、统账之类的工作，并没有真正做到面向市场。

在和进口油激烈竞争的战役中，该厂基本没有优势。进口油广告攻势可谓是细致入微，全方位、大面积。而国产油在这方面的表现历来是苍白无力，面对铺天盖地的广告牌、灯箱，根本难以应对。另外，该厂油品大都是大桶散装，大批量从厂里直接销售，主要供应大企业大机构。小包装上市的数量非常少，加上销售点又少，一般用户难以买到经济实惠的国产油，而只好使用昂贵的进口油。

我们可以利用来自于麦肯锡咨询公司的SWOT方法，对该炼油厂进行分析。

所谓的SWOT分析，包括分析企业的优势（Strength）、劣势（Weakness）、机会（Opportunity）和威胁（Threats）。可以说，SWOT分析是将对企业内部条件和外部条件进行综合概括后，进而对组织现状的优势和劣势的一种分析，也是揭示组织面临的机会和威胁的一种方法。

通过 SWOT 分析，可以帮助企业明确自己的强项，并把资本集中在自己机会最多的地方。

内部因素

利用这些： ☆我国最大的炼油厂之一 ☆730 万吨/年的原油加工能力 ☆生产 120 多种产品的炼油厂	改进这些： ☆油品大都是大桶散装 ☆只供应大企业大机构
监视这些： ☆销售人员没有真正面向市场 ☆广告促销手段不力	消除这些： ☆很少以小包装上市 ☆销售点很少

外部因素　　　　　　　　　　　优势　　　　　　　　　　劣势

机会　　威胁

图 10-11　某炼油厂的 SWOT 分析模型

为了扭转该炼油厂在市场营销方面的被动局面，根据分析结果，建议考虑采取五项措施（见图 10-12）。

一、制定营销战略，实施品牌策略；
二、增加营销人员和销售点，开展送货上门和售后服务；
三、增加产品小包装，研发适合普通消费者的包装规格；
四、继续提高产品质量和降低产品成本，发挥产品质量和价格优势；
五、开发研制新产品，并通过研究开发提高企业自身发展能力。

图 10-12　扭转市场营销方面被动局面的五项措施

和很多其他的战略模型一样，SWOT 模型也带有时代的局限性：该模型没有考虑到企业改变现状的主动性。现代企业可以通过寻找新的资源来创造企业所需要的优势，从而达到过去无法达成的战略目标。

企业以未来实现的自我发展能力投资再生产以及扩大再生产，是一种以当前明确支出来换取预期利润的风险活动。这种活动立足于对企业自身发展能力的预计。企业自身发展能力的计算方法有两种，见表 10-8。

表10-8 企业自身发展能力的计算方法及公式

计算方法	计算公式
在企业主营业务利润的基础上，加上确定有现金收入的进账，再减去实际引发现金支出的其他费用后得出企业的发展能力	企业自身发展能力=主营业务利润+其他业务收入+金融投资收入+营业外收入+固定资产盘亏和出售净损失+折旧费+计提坏账－其他业务支出－金融费用支出－固定资产盘盈和出售净收益－上缴所得税－收回未发生坏账
在企业的税后利润的基础上，加上没有实际支出的费用，扣除并非实际收入的收入，得出企业的发展能力	企业自身发展能力=税后利润+折旧费+固定资产盘亏和出售净损失+计提坏账－固定资产盘盈和出售净收益－收回未发生坏账

企业对自身发展能力的运用，可直接运用于企业当前生产经营活动之中，也可在技术改造、扩大生产、产品换代等各项投资活动中使用，其目的都是为了改善资金结构或消除生产经营环节的不协调因素。

企业自身发展能力的使用也是一种对企业投资方案的选择方式。如果投资回收期短，预计投资收益大于投资所需的支出，则代表投资方案就可行。反之，则投资方案尚需斟酌。

财务知识小贴士

持续经营的会计选择：

持续经营是指在可以预见的将来，企业将会按当前的规模和状态继续经营下去。企业是否持续经营，在会计原则、会计方法的选择上有很大差别。

当假定企业持续经营时，因为企业的固定资产会长期发挥作用，因此根据历史成本记录固定资产，并采用折旧的方法，将历史成本分摊到各个会计期间或相关产品的成本中。

经营异业联姻——打造边际效应

作为一个领导人需要具有 4E 品质，即充沛的精力（Energy）；激发别人的能力（Energi zer）；敢于提出强硬要求——要有棱角（Edge）；执行的能力（Excute）——不断将远见变为实绩的能力。而这四种特质中，最重要的则是激发别人的能力。

——杰克·韦尔奇

可口可乐，一个占有全球 48% 市场的第一饮料公司；《魔兽世界》一款全球著名 MMORPG，当之无愧世界最火暴网游。它们拉手会产生什么后果呢？

2005 年的初夏，可口可乐（中国）饮料有限公司与当时的《魔兽世界》网络游戏运营商游第九城市正式宣布建立战略合作伙伴关系，在品牌、市场、渠道等领域展开全方位合作。一时之间，印有《魔兽世界》角色人物的瓶装和罐装可口可乐全线出击，占据了可乐市场的半壁江山。

当时，全国的任何一家网吧只要缴纳 1000 元的押金，就能免费得到可口可乐为之提供的一台冰箱以及搭配的货架。这些设备上都印有《魔兽世界》和可口可乐的标志，在一年的合同期内，网吧不能对其做任何修改，也不能去除。当然，在可口可乐提供的冰箱或货架上，也不能摆放其他品牌的饮料。

业内人声称："魔兽和可乐的结合，网游联姻饮料的尝试，无疑是一次全新的探索。也是一次创新和双赢的合作。"

情况很明显：作为老牌碳酸型饮料，可口可乐不得不注重它的主要消费群——年青一代。

第九城市也要让更多的玩家接触并停留于《魔兽世界》——因为偌大

的九城，《魔兽世界》是它唯一盈利的游戏——其用户群也是年青一代。既然有相通的客户群，异业联姻、混业合作就有了可能。

将可乐的用户群和魔兽的用户群取一个交集，就会发现两者共同栖居的主要场所之一：网吧。网吧并不需要像普通商店一样，给消费者提供多种选择。专注于游戏的玩家对品牌并不敏感，这给了单一品牌独占顾客资源的机会。

于是，可口可乐借魔兽的游戏平台卖饮料，九城借可口可乐的客户群宣传游戏。此举为双方都省下大量成本，网吧成了共同的渠道。而且二者在营销宣传上更是相互捆绑，渗透交融，结结实实地实现了共赢。

事实证明，可口可乐和九城彼此的选择都是正确的，这的确是一次经典的双赢合作。

异业联姻是指两个不同行业的企业之间的合作，为了降低成本、提高效率，它们共同分享市场中的资源。目标消费者的部分或者全部重合，是企业合作的基础。如果没有消费群体的交集，就像两个没有任何情感且不相识的人一样，所有的联姻都将无从谈起。

不同行业的企业想要进行异业联姻，实现资源共享和利益最大化，需要合作双方都具备较高的商业情商。这也就是财务管理中涉及的边界效应预算，在经济学中，也称为理性人的边际效益决策。

为了使最终利益能够最大化，人们在做出决策时，通常都会考虑其行为可能产生的结果如何。若发现当前的策略带来的收益增加效果不明显时，出于理性的考虑，人们就会做出合理的调整。这就是曼昆十大经济学原理之三：理性人的边际效益决策。

在异业联姻中，双方为了能够同时获利，必须对自己的营销策略做相应的微调。在决定进行异业联姻时，最好先考虑两个企业的品牌是否门当户对：同一个层级的品牌才有联姻的可能性，比如可口可乐和魔兽世界，一个是饮料业的龙头老大，一个是游戏界公认的精品。

实施异业联姻的企业，还需要相互认同彼此的价值观和经营理念，不然无从谈共同迎接市场风险，实现利益共享。这需要双方寻找到一个共同的利益诉求点，并围绕共同的诉求点进行资源投入。只有求同存异，建立纵向、横向、立体交互式的异业交互平台，才能实现异业市场的联合，相融共生。

还是以可口可乐与魔兽的合作为例，通过了解可以发现，可口可乐和魔兽的合作不是单一层面的嵌入式，而是从游戏里到游戏周边，从线上到线下展开的庞大推广矩阵。其涵盖游戏代言人 SHE、产品包装、游戏通道、路演、终端促销、嘉年华、网络游戏、电视、平面等方方面面。比如，可口可乐在《魔兽世界》游戏中主城嵌入形象大使，负责接待玩家以及奖品的发放。而现实生活中，一些不玩游戏的女孩子为了自己男朋友而大量购买可乐产品，以获得瓶罐上游戏点数来支持男友，这也充分说明这场整合营销所带来的深入影响。

经济学家用"边际变动"（MarginalChange）这个术语来描述对现有行动计划的微小增量调整，边际变动是围绕你所做的事的边缘的调整。

这个原理是说：只有当边际效益大于边际成本时，人们才会进行边际变动。

边际变动是导致边际收益的重要原因，可口可乐和《魔兽世界》合作的例子就是根据双方各自的缺点、优点和欲求，双方都做出了收益大于成本的边际变动，从而达到各自的目的。

一方面，饮料企业要想独自实施促销效果非常好的网络销售，需要花费大量的营销费用；而《魔兽世界》的大型"网游平台"则为其提供了一个很好的品牌推广机会。另一方面，可口可乐饮料的赠送等方式也为《魔兽世界》增强了人气，同时也使后者很好地展示了自身产品"新鲜"的特点。双方为此做出的变动都是举手之劳，而收获却都很大，何乐而不为呢？

财务知识小贴士

边际贡献的计算公式：
边际贡献＝销售收入－变动成本
＝（销售价格－单位变动成本）×销售数量
＝单位边际贡献×销售数量
＝固定成本＋利润

第十一章　为什么没有更多的人致富

——用综合分析说话

春天还会远吗——多元的贸易经营

> 我发现，跑得快的人往往会停下来，而跑得慢的只要跑，早晚会达到你所向往的终点，只要不停地去追求。
>
> ——俞敏洪

众所周知，海尔以生产电冰箱起家。创立之初，张瑞敏以砸冰箱的戏剧化举动宣告了海尔品牌战略的启动。之后，海尔用六七年时间，完善了全面质量管理，并在企业中形成了一套以人本主义为核心的管理文化。

从1992年起，海尔开始了相关多元化发展，首先进入电冰柜和空调行业。1995年，海尔又进入洗衣机行业。一时间，冰箱、空调、冰柜和洗衣机成为拉动海尔快速发展的"四驾马车"。

然而，1998年后，海尔在非相关多元化道路上的发展，陆续受到公众的质疑。

张瑞敏声称："海尔的战略分为三个阶段：第一阶段是1984~1991年，这个时期是品牌发展战略，只做冰箱一种产品；第二阶段是1991~1998年的多元化产品战略，从冰箱，到空调、冷柜、洗衣机、彩色电视机，每一到两年做好一种产品；第三阶段是从1998年之后的国际化战略发展阶段，即海尔到海外去发展。

考察一下海尔的多元化发展过程，不难发现，张瑞敏所云的第二阶段，是在相关多元化领域进行的，第三阶段则进入了非相关多元化发展阶段。海尔的非相关多元化发展，包括医药领域、保健品、餐饮、电脑、手机、软件、物流、金融等，跨度之大，涉及产业之多，令人目不暇接。

从1998年进军PC领域以来，至2001年，海尔一直处于亏损状态。2000年海尔手机业务营业额上半年大幅下跌约51%，据悉，亏损高达6570万港元，导致海尔电器的营业额比去年同期减少23%。2006年，海尔又转而青睐笔记本，但此时笔记本市场的竞争已趋于白热化。经数次折腾，仍收获寥寥，海尔最稳定的利润仍然来源于传统的冰箱、空调、冷柜。这也是海尔的多元化为人诟病的根本原因。

大企业要可持续成长就必然走多元化经营之路，这一观点在欧、美、日等国的企业发展中已经得到普遍证明。有关这一课题的研究，应该不是停留于要不要多元化的层次，而是要探讨如何多元化，怎样的多元化才最有效。

多元化理论认为，企业多元化首先应该走相关多元化道路。只有在相关多元化完全确立并且稳步发展了以后，才能进行非相关多元化。如果暂时还不具备在非相关多元化道路上取得成功的能力，应先从相关多元化方面进行尝试。海尔多元化发展的不利，可以说是在相关多元化道路上的使命还没完成，便急于进入非相关多元化的产业帝国造成的。

毫无疑问，要说全球多元化经营最成功的企业，通用必然名列前茅。具体分析通用多元化的成功模式，值得所有打算多元化和正在为多元化做努力的企业学习的方面，至少有以下几点：

一、鼓励创新，把每一次变革作为一次快速发展的机遇

韦尔奇曾经做过这样的比喻：作为企业领导人的责任，不是要准确地向员工预测什么事，而是要一只手抓种子，另一只手拿着水和化肥，让你的公司发展，而不是控制你身边的人。

二、"群策群力"计划，鼓励员工高度参与企业运作

韦尔奇在1989年发起了"群策群力"活动，在公司内外集思广益，培植、收集和实施好点子，使员工们共享自己的知识，为公司带来效益。

图 11-1 通用多元化成功模式

三、创建学习型组织

韦尔奇非常重视学习和知识，重视思想和人，他认为文化是企业无法替代的资本。在他的带领下，GE 公司变成了一家全球化的学习型企业。

四、打造无边界企业

韦尔奇打造了"无边界企业"的概念。无边界企业是让大公司保持活力的秘诀，它能够克服公司规模和效率的矛盾，让企业既有大型企业的力量，又具有小型公司的效率和灵活性。韦尔奇就是通过"无边界企业"，以小公司的方式来经营 GE 帝国的。

五、岗位接班人培养责任到人

GE 规定，经理人升职之前，必须培养出几个接班人，否则，他将永无升迁之日。

六、统一的多样化

在全球化的过程中，韦尔奇也曾经设想过根据不同的国家、区域，结合国情形成不同的价值观和企业文化。后来，这种设想被他自己否定，通用还在全球推行了一套统一的核心价值观和企业文化。这种观念的形成和落实靠一个专门的学院——克劳顿学院，这个学院向 GE 不同企业的高级领导人传授这些观念。这样，通用成为一个"统一多样化"的公司。

GE 董事长兼首席执行官杰夫·伊梅尔特这样解释说："GE 的价值观包括无边界、必须把质量放在第一位和团队精神等，在并购企业时，我们都会向所收购企业清晰地说明，这些价值观是不能妥协、让步的。尽管 GE 提倡和鼓励多样化，鼓励成员企业和职员按照自己的创新方法去进行探索，但是，无论如何，多样化的前提是 GE 不能放松和改变自己的核心价值观。在 GE

已经进行过的企业兼并中，有很多人都非常愿意加入有着优秀公司文化的企业，而那些适应不了 GE 价值观和文化的人就不能再待下去。因为这些价值观都是广为人知的，这些东西说明了 GE 是一个什么样的公司，我们是一群什么样的人。"

通用多元化的成功实例，可以帮助我国企业科学地理解多元化经营。大多数企业的核心竞争力，只适用其有相关性的行业，因此适宜走相关多元化道路。只有像通用一样以管理、制度和企业文化为核心竞争力，并且具有将这种竞争力应用到每一个新进入行业的能力企业，才适合走非相关多元化道路。

如何策划导入多元化战略的时机、方向和力度，为多元化做好必要的预算，是企业避免过大的主观随意性的必修课。企业的任何一个重大决策都是风险与机会并存的，只要准备充分，稳步发展，春天并不遥远。

☺ **财务知识小贴士**

解决财务危机的两个窍门：

一、将部分流动负债的合同期延长，减少流动负债，增加长期负债。

二、变卖部分长期资产归还流动负债，如减少固定资产或者无形资产。

千里之行——营运资金的管理

> 优势的撮合，能产生资源价值从 0 变成 100 的效果。
>
> ——作者

时隔 20 多年，在武汉的汉正街依然流传着王氏兄弟的传奇，当年，他们以 1 万元的资本做成 370 万元生意，其手段、胆魄，令武汉三镇的批发商至今叹为观止。

当时，武汉针棉织品批发公司准备将仓库里积压的产品一次性 5 折出手，价值 370 万元。汉正街很多人知道这个消息，可是大家都没有胆量和本钱一次性吃进 185 万元的货。王仁昌和王仁忠兄弟俩却合计出了一个"自己风险最小化、所获利润最大化"的方案。

这个方案是这样实施的：两兄弟找到武汉粮食局百货经营部，提出两家联手吃下这一单生意。王氏兄弟以 1 万元现金作为抵押，粮食局作保开出一张为期一个月、数额为 185 万元的支票给针棉织品批发公司，让批发公司出货。王氏兄弟负责一个月内将货销完并支付支票款。

这一合作基础是：粮食局有钱，却无经营才能；王氏兄弟能经营，却没有本钱。双方讲定利润二八分成：粮食局得二，王氏兄弟得八。如果王氏兄弟一个月内不能销完货，按支票额的 20% 向粮食局赔款。

靠着两兄弟的经营能力，不到 20 天，这批货以原价 7.5 折的售价被销售一空。除掉运营费用，两人以 1 万元的本钱，净赚了 60 万元。

王氏兄弟对资金杠杆的运用，可谓高明之至，对营运资金的管理能力堪称一流。

营运资金是企业投放在流动资产上的资金，具体包括现金、有价证券、应收账款、存货等占用的资金，它的绝对数表现为流动资产与流动负债之差：

营运资金 = 流动资产 – 流动负债

营运资金越多，说明偿债能力越强，即不能偿还的风险越小。反之则越大。因此，营运资金的多少可以反映偿还短期债务的能力。在财务管理上，不强调流动资产与流动负债的关系，而只是用它们的差额来反映一个企业的偿债能力。

表 11–1　营运资金情况反映企业偿债能力

流动资产与流动负债的差额	企业偿债情况
流动资产 – 流动负债 = 0	说明占用在流动资产上的资金都是流动负债融资
流动资产 – 流动负债 < 0	说明企业流动负债融资，由流动资产和固定资产等长期资产共同占用
流动资产 – 流动负债 > 0	说明"净流动资产"要以长期负债或所有者权益的一定份额为其资金来源

一个企业要维持正常的运转就必须拥有适量的营运资金。营运资金包括现金性营运资金和非现金性营运资金，非现金形态的营运资金包括存货、应收账款、短期有价证券变现等。启用非现金形态的营运资金，是企业应付临时性的资金需求的有效手段。

要搞好营运资金管理，则要先解决跟流动资产和流动负债相关的问题。可以从两个方面来思考：

（1）企业的流动资产额应该多大？这方面包括现金管理、应收账款管理和存货管理。

（2）应该如何进行流动资产的融资？它包括银行短期借款的管理和商业信用的管理。

现代企业营运资金的规模，还受到企业供、产、销各环节的影响，同时又制约着企业的生产经营规模。所以，营运资金的管理不能单纯地考虑流动资产和流动负债的差额，还需要从企业资金运动的全过程综合考虑、系统把握。

一般来说，企业增加营运资金的规模是降低企业偿债风险的保障，但是规模增大的同时也要求企业筹集更多长期资金，如果筹集成本过大，将影响企业的盈利能力；反之，营运资金规模小，企业财务风险高，但盈利能力大。因此，对营运资金的管理，必须在盈利能力和财务风险之间进行权衡。企业对财务风险的态度不同，对营运资金的结构要求也不同。

　　不论企业对财务风险的态度如何，减少财务风险都是提高企业资金使用效率的财务手段。许多企业为了实现利润，会采用赊销形式片面追求销售业绩。如果对赊销的现金流动情况及信用状况缺乏控制，就容易出现货款被拖欠从而造成的账面利润高于实际资金的现象。财务部门应加强对赊销和预购业务的控制，加强对应收账款的管理，及时做好收回应收账款的工作。

　　😀　**财务知识小贴士**

　　短期筹资：
　　营运资金短缺可以通过短期筹资方式加以解决。短期筹资方式包括：银行短期借款、短期融资、商业信用、票据贴现等多种方式。

花为谁开——哪些人需要阅读企业财报

> 自古不谋万世者，不足谋一时；不谋全局
> 者，不足谋一域。
>
> ——（清）陈澹然

2010年12月9日零点，《魔兽世界：大灾变》正式在台服更新。由于登录人数过多，以至于一度造成了服务器的拥堵：很多玩家不能正常登录服务器，卡在了认证阶段。凌晨，达拉然主城依然人头攒动。至此，一切关于暴雪频繁"跳票"讲如何流失玩家以及怎样引发财务危机的谣言，皆不攻自破。被玩家称为"跳票专家"、"忽悠大王"的暴雪，再一次用事实证明"跳票也可以是一种'境界'"。

其实，早在2010年年初，专业分析师就预测，随着《星际争霸2》和《魔兽世界：大灾变》的发布，暴雪全年应该可以达到1200万个的销量，这其中还包括现在仍然可以卖出去的一些老游戏。

虽然，分析师没有给每个暴雪游戏产品做独立的销量预测，但《大灾变》和《魔兽世界》及其先前的资料片对评估暴雪实力的影响，显然是举足轻重的。他们预测，假设暴雪跳票的三款游戏能够以50美元一份的价格卖出5百万的销售量，那么将能够得到2亿~2.5亿美元的收益。

根据2010年11月5日暴雪公布的第三季财报显示，根据GAAP计算，动视暴雪三季净营收达7.45亿美元，净利为5100万美元，去年同期净利为1500万美元，收入翻番。随着12月份《大灾变》的面市，业内人士预测，2010年或许将成为暴雪最赚钱的一年。

对暴雪这个从游戏团队成长为游戏业巨头的成功史，一般都津津乐道于主创组对于研发的热情、对于高品质游戏的要求。很少有人注意一点：当年一穷二白的艾伦和迈克还是个信用卡套现的高手，靠这手绝活他们让团队渡

过了最初的难关。毫无疑问，这种高难度动作需要专业的财务技能。后来，这种拆东墙补西墙的理财本领，体现在暴雪的游戏中，就是远远高出行业水平的游戏数值体系。这似乎可以说明一个事实：不论在什么领域，财务能力和数学能力永远密不可分。

随着全球危机的爆发，一些平时不读金融类图书的人也开始充电，以至于出现《资本论》都卖到脱销的情况。财报，这个本来被人们认为只属于财务经理、会计、出纳等专业人士的读物，也飞入了寻常百姓家。因为即便是最不喜欢研究数字的人，也不得不承认这样一个事实：能看懂财报、会综合分析财报的人，在目前水深火热的市场里，好像确实更能赚钱。所以，做生意？想投资？要选股？打算理财……财报都成了必不可少的工具。

企业的财务报表可以反映出这是一个平庸企业，还是一个拥有持久竞争优势的企业。也可以反映出这只股票是会让人一贫如洗，还是能让人赚个盆满钵满。有些精明的主妇和白领早已经开始编制家庭的财务报表，以控制成本、削减浪费，度过经济的寒冬……

企业的财务报表共有三大类，见表11-2。

表11-2　企业财务报表

损益表	报表使用者可以通过损益表判断企业的利润率、股权收益、利润的稳定性和发展趋势
资产负债表	全面反映企业的资产和负债的情况。报表使用者从资产中扣除负债，就能算出这个企业的净资产
现金流量表	现金流量表能反映企业的现金流，报表使用者可以了解企业现金流入和流出的具体情况

对投资者来说，现金流量表也反映出债券和股票的销售以及股票回购情况。通常情况下，企业的现金流量表会同其他财务报表一起公布。

企业的财务报表分析是把财务报表的数据分成不同部分和指标，并找出相关部分或相关指标的关系，以达到认识企业偿债能力、盈利能力、抗风险能力和成长能力等目的。企业财务经理看报表的时候，会更强调分析与综合。因为如果财务分析仅分析而不综合，可能会导致信息的误导。

一般投资者看报表可以相对简单一些。因为财务报表的阅读讲究有用性，就是指对使用者有用，有用性根据需要的变化而变化。比如，如果报表使用者关心的是整体规模，像收入、净利润、净资产、资产总额，则没有必要对其他影响不大的项目作过多分析。

报表分析还有时代性。比如早期的股票分析师相对关注企业是否创造利润，例如巴菲特的导师本杰明·格雷厄姆。而那些拥有持久竞争优势的企业则是现在的股票分析大师——比如巴菲特所青睐的。巴菲特认为，如果投资者以一个合理的价格购买这类企业的股票并长期持有，他将变得腰缠万贯。

通过分析企业的损益表，投资者能够看出这个企业是否具有持久竞争力。看企业利润只是一方面，还应该分析该企业获得利润的方式，看企业是否需要通过财务杠杆以获取利润。因为利润的来源比利润本身更具有意义。

有一条简单的净利润规律可以帮助人们发掘值得长期投资财富的公司：倘若某公司的净利润一直保持在总收入的20%以上，则表明这家公司很可能具有长期的相对竞争优势。反之，如果某公司的净利润持续低于其总收入的10%，那么意味着它很可能处于一个高度竞争的行业，在此类行业中，很难有哪家公司能维持竞争优势。当然，这个规律不是绝对的。

这个世界财务报表几乎无所不在，甚至连某网站的征婚启事上都出现了财务报表的样板。说不定哪天，《大灾难》的玩家会发现自己的工会银行中多了一栏选项叫做："××工会的资产负债表"——在这个不断挑战人们承受能力底线的经济社会，一切皆有可能！

财务知识小贴士

看财务报表的一大错误——忽视联系：

很多管理者只爱看一张报表——利润表。利润的数字总是最容易调动人的情绪。其实，财务报告的三大报表是密切联系的，三大报表相辅相成，缺一不可。

点石成金——如何读懂财务报表语言的奥秘

> 希尔顿当年也只不过是个一文不名的穷小子，但日后却摇身一变成为世界上屈指可数的富翁之一。富翁就在于他能够看到潮流最近的边缘，也存在无限的商机。
>
> ——作者

中国著名的电子商务网站当当网，2010 年 12 月 8 日，在美国上市伊始便一路飙升，截至当天收盘时，当当报收于 29.91 美元，股价上涨了 86.94%。

通过考察当当 2010 年前三季度的财报，可以发现，在前三季度中，当当网营业收入同比增长 55.6%，达到 15.7 亿元，其中自营百货业务同比增长 159.8%，联营百货业务同比增长 278.6%。

在这种情况下，当当紧锣密鼓的上市举动，业内人士分析，最大的原因应该是由于当当的主营业务是图书，而在线图书销售的低利润率没有为当当带来丰厚收益。并且，当当目前已占据中国图书零售市场最大份额，要想再提高市场份额已很不容易。如此大的市场份额，近四年毛利率仅徘徊在 20%左右。

对此当当网能够采取的策略和最适当的战略方向就是在守住增长一般的在线图书销售市场的同时，积极扩张市场更为广阔的百货 B2C 市场。因此，分析者认为，当当需要的不是上市，而是钱！

可以想见，当当筹资所得，将会有大部分用于当当网的百货业务，因为只有保证充足的资金，当当在未来发展之路上，才会走得更为从容。

(单位：百万元人民币)

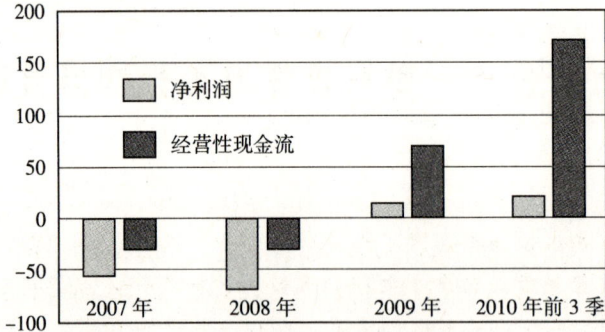

图 11-2　当当网净利润和经营现金流对比

如图 11-2 所示，2007 年和 2008 年当当网的净利润都是亏损的。据相关数据反映，2007 年当当网亏损 7050 万元，2008 年亏损 8180 万元，2009 年前 3 个季度利润率不足 1.2%。

2010 年前三季财报显示，当当网前 9 个月净利润 1960 万元，不过这已超过 2009 年全年的业绩，但其净利润率相比其他行业如百货等，还是比较低的。

难怪当当 CEO 李国庆曾表述当当做百货的优势时说："过去十年当当网在图书领域已经积累了足够的品牌势能……现在即便把图书挪到四层以上，也一点不会影响销量，所以我们决定把一至三层的货架腾出来，留给百货。"

毫无疑问，很多非财会专业的财报阅读者，一接触财报，首先就被繁多的财务专业名词拒之门外，什么计提啊、预收啊，又是什么实际应收啊、待摊啊……让人一头雾水。等到好不容易大致搞清楚了这些名词的定义，勉强知道了它们所代表的含义，却又会被它们之间错综复杂的关系所困扰。

要想真正理解财报语言背后的奥秘，理顺财会项目、指标和数据之间的关联性，全面分析财报的能力必不可少。比如，看一个企业的好坏，不是只看利润、净资产收益率、每股收益这三个指标的高低就行了，还要看它的利润是从哪里来的。这个时候就要重点关注"主营业务"这个指标，如果绝大部分利润来源于此，那就说明这个利润是企业自己做出来的。一个上市公司只有靠自己的努力，做大主营业务，这样得来的利润才是真正的利润。所谓的绩优股，说穿了也就是"主业兴旺"的代名词。比如巴菲特所长期持有的可口可乐，就是著名的代表。

值得注意的是，主营业务收入的增加，不等于主业经营得好，只有主营业务收入、主营业务利润和净利润实现同步增长才说明主营取得了成功。主营利润比率越高，说明公司业绩越可靠、获利能力越强，反之越差。另外，强调主营业务，并不排斥"主业为主，多种经营"，也是对主业很好的补充。

财报分析还有一个诀窍是统一：即把几个时点数排列在一起来看企业财务发展状况的趋势。例如，企业的应收账款，第 1 年是 11 万元，第 2 年是 23 万元，第 3 年是 35 万元，第 4 年是 44 万元。如果把这 4 年的时点数字排在一起，就很容易发现，这个企业的应收账款呈逐年上升的趋势。通过关注每一个时点的状况，阅读者会对企业的财务状况有一个比较全面的了解，也更容易透过现象，认识本质。

像对当当网的财报分析，一方面表明，当当的 B2C 图书业务由于简单和低调，使得其利润一直不理想。但另一方面，也体现正是因为简单和低调，当当的业务走得尤为稳健：收入增长不快，过去亏损不多，扭亏为盈以后，盈利增长也没有爆炸。虽然整体业务利润率不高，但是所有的数据增长都很平稳。因此，专家预测，当当未来的发展没有太大的生存危机，即便不上市，当当网也将会继续稳健地运营着自己的业务。

☺ 财务知识小贴士

留意上市公司报告的四个附加条款：

一、留意上市公司信息披露，避免做出错误的投资决策和行动；

二、业绩拐点所附说明，是业绩发生突变的情形，进行重点的提示；

三、留意有无隐性利润及遗漏事项，即上市公司是不是进行打"补丁"；

四、质量报告鉴定意见。

去伪存真——如何辨析纷至沓来的企业财报

"我投资一个企业能赚多少钱？"我跟各位讲，如果这样考虑问题你只能是二流的企业家。要想的是：我投入到一个行业，一旦把它做垮了，应该用哪一个行业来弥补？

——郎咸平

2005年日本"佳丽宝"采用"太空漫步"手法虚增获利事件，令佳丽宝公司声名狼藉。为了填补亏空，佳丽宝公司与数家关系客户相互勾结，通过贸易商收购其麾下子公司的滞销品——合成纤维毛毯，进行虚假交易，做出谈成毛毯生意的假象。

由于这若干家往来客户都不是纳入合并报表计算的主体对象，所以贩卖了毛毯，佳丽宝就把账面上过多的不良库存完全清理。虽然，由于不断收购子公司的不良库存，佳丽宝公司本身损失高达522亿日元，但是在当年的财务报表上，却是交出了漂亮的成绩。

随着对佳丽宝财务调查的展开，调查人员发现：在此事件中，每一家协助佳丽宝从事不法交易的企业，都不在佳丽宝公司合并财务报表范畴之列。可是，通过对这些往来客户的董事会成员深入调查，发现他们之中半数以上董事都出身于佳丽宝。相关部门发现此情况后表示："虽然这些企业表面上都不是佳丽宝的关系客户，但事实上却由佳丽宝所支配，而且在会计方面又无须纳入合并报表。"

也许是操作起来难度比较低，又不容易被审计发现，类似的手法在一度震动东京股市的"活力门"事件中也被采用。

活力门公司不仅非法操控下属子公司，甚至还对自己的投资单位也加以操纵。其做法堪称胆大妄为：活力门公司将子公司的交易获利转移到投资事业单位账面上，然后再设法回流到总公司账面，借以虚增获利。

　　此事波及范围极广，但也促进了日本政府当局及会计师对各投资事业单位进行更为严格的监督与管理。同时也证明一个真理：只要有操作，就能被发现。

　　一般而言，从分析财务报表到做出正确判断，要按照管理会计报表的方式来看公司财务报告，具体方法为：先划分经营业务和投资业务，然后从内部资产消耗和现金流对应，以及外部客户和竞争者四个角度，揭示风险、预计增长。

　　用会计眼光来看，企业的现金支付能力往往比企业的盈利更重要。如果企业只注重账面盈利，而忽视现金支付能力，那么企业即使获利再多，也很难规避倒闭停业的风险。反过来说，有的企业亏损严重，但因筹资有方，也能支撑经营。

　　因此说，现金流量在很大程度上决定企业的生存和发展，可以用三种方法，对某公司进行财报分析（见图11-3）。

一、看公司正在进行何种投资——投资现金流量之所以增加就在于并购；
二、看公司的资产收益率是否下降——资产收益率下降的原因往往是并购某公司，并将其纳为子公司；
三、看营业现金流量与营业净利润的成长是否成比例——如果不成比例，可能是应收账款、应收票据及存货增加所致。

图11-3　对某公司进行财报分析方法

　　市场的现状也是考虑对象之一。如果目前市场低迷，企业的营业额成长率却很可观，那就应该思考现金来源，是否要并购同行企业，借以增加市场占有率？

　　有些企业会公开并购案，如果有并购案，就要看公司推行的并购案是否具有可行性——并购的目的，也许只是帮助营业收入、获利实现正增长。

　　作为财务报表的一部分，对财务报表附注的分析也很重要，这一点恰恰容易被初学者忽视。对财务报表附注的分析，可归纳为三个方面：即财务状况分析、盈利能力分析和资产管理效率分析。

表 11-3 财务报表附注分析

附注分析	具体内容
分析财务弹性	包括未使用的银行贷款指标、可迅速转化为现金的长期资产、可用非经营性资产所占的比重、或有事项和担保
预测盈利能力	通过了解企业经营活动的性质、总目标、经营活动的财务影响，预测企业发展的趋势及可能的风险
分析资产管理效率	利用财务报表附注，可更深入地揭示企业各项资产管理效率高低的内外部原因以及预测企业未来资产的管理情况

在破解纷至沓来的财报时，不妨准备一份同行业其他公司的报表。所谓"同行业其他公司"，即同属一个领域且彼此为竞争对手的企业。如丰田和本田、狮王和花王等。这样有助于我们了解其行业概况，且了解此公司所在领域所呈现的状态。

对于一般的投资者，要想在雪片般的公司财报中脱身，最好的办法就是阅读简明财务报表与有价证券报告书。这些资料会告知阅读者企业选用的是何种策略、有什么想法、将会以何种手段执行、可信度有多高以及是否具有潜在的不安因素等。

财务知识小贴士

企业通过合并报表虚增获利的具体方法：

一、收购市值低于自家公司的企业；

二、最大限度延长商誉的摊提期限；

三、将子公司的部分股票以高价抛售给第三方，借助股权变动损益虚增获利；

四、操纵不属于合并报表范畴的投资事业单位，并将部分资产转嫁给投资事业单位，然后采取对自家公司有利的方式，重新进行资产评估。

似水逐波——动态看财报

> 我们只是在财富经过我们身边时使用它们，直到它们流向别人为止。有时财富会在某一个家庭中停留一代人的时间，但是最终它会流走。生活有着自身的流动的韵律。万物运转，来到我们身边的又离我们而去。
>
> ——露易丝·海《生命的重建》

和当当网同时在美国上市的，还有一家视频网站——优酷网。优酷网是一家典型的中国互联网概念项目：迅速借鉴在美国成功的业务模式（Youtube），打造"中国的×××"概念，获取风险投资。它不断再融资，再融资……用资金打造在中国互联网市场上的市场地位。

众所周知，网络视频是个烧钱的活儿，玩网络视频的人在网友中也都是身价较高的群体。对于视频网站来说，资金是其生命线。无论是购买服务器及带宽等硬件设备，还是购买节目版权等播放内容，都需要投入大量资金，只有拥有充足的资金才能保证视频网站的顺利发展。

据统计，截至 2010 年第三季度期末，优酷网从 2005 年 11 月起，一共进行了六轮融资，总金额达到 1.6 亿美元。充裕的资金让优酷从容面对 2007 年中国互联网市场两百多家视频网站的混乱竞争，踏实地度过 2008 年国际金融危机的风险，顺利地实现古永锵的"三个亿"理论。

(单位：万元人民币)

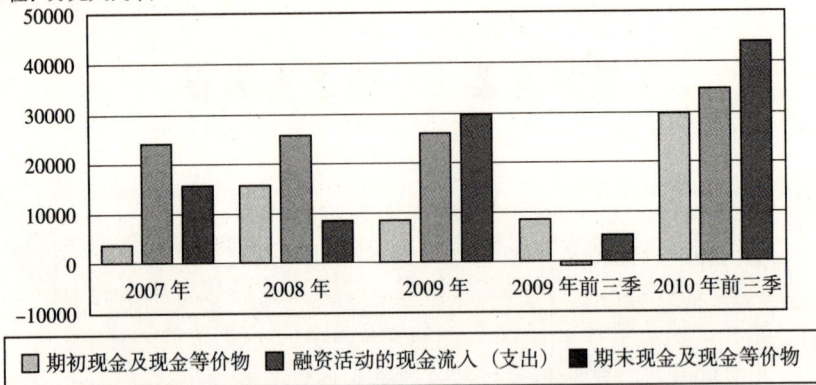

图11-4　i美股公布的优酷2007~2010年融资及现金变动情况

　　从优酷网的现金情况来看，优酷网历年融资稳定，现金十分充裕。根据优酷网的招股说明书：优酷在2007~2010年均进行了融资，且融资额保持稳定。其中2007年约2.41亿元、2008年约2.56亿元、2009年约2.6亿元、2010年前三季度约3.49亿元。其中包括1.6亿美元现金和1000万美元技术设备贷款。

　　截至2010年第三季度期末，优酷网拥有约4.4亿元现金及现金等价物。可以说，即使不上市，优酷也不缺钱。业内分析师认为：优酷上市，是资本的需求。

　　通过对优酷上市的分析，可以发现，企业的财务管理环境其实很庞大，它包括经济环境、法律环境、市场环境、文化环境、生产环境、内部环境等方面。这些理财环境都处于动态的变化之中。因此，在对财务指标的变动原因分析时，必须考虑环境变化造成的影响。

　　例如，市场供求变动、结构调整、资本市场的波动、国内外的经济发展趋势，以及法律、法规、制度、政府方针政策的调整和变化，都会影响企业的经营状况，从而影响企业的财务状况。因此，进行财务分析时，应深入实际，做好调查研究工作，真正掌握与分析有关的实际情况，以作出全面、准确的评价。

有一个著名的案例，可以说明对财报动态把握的重要性，就是大多数人都不陌生的巴林银行倒闭事件。作为世界上首家商业银行，巴林银行创建于 1763 年。在 1995 年年末却因为一个很意外的原因倒闭了。除了银行内部的控制问题以外，还有一个很经典的问题——这家银行的董事长比德巴林不重视资产负债表。比德巴林有一句名言："若以为揭露更多的资产负债表的数据，就能够增进对一个集团的了解，那真是幼稚无知了。"

具有讽刺意味的是，在他发表这番"高论"之后不到 1 年的时间，巴林银行就面临破产。后来，分析巴林问题者说，其实巴林银行是完全可以避免破产的。

因为当时银行每天都要编资产负债表，如果银行的高管能够关注资产负债表，就会知道公司已经发生了什么事情。如果及时采取措施，就不至于引发经济事故的多米诺骨牌效应，企业也许会有损失，但不至于走到公司破产倒闭的境地。因此，如果关注报表的动态性，认识和使用好动态财报，能够让财务管理和投资理财事半功倍。

财务报表分析以财务报表为主要依据，而财务报表只涉及那些能用货币形式表达的经济事项。但需要注意的是，财务报表容纳的信息有一定的局限性。特别是那些估算的数据，在分析时要作出必要的说明和解释，否则会在一定程度上影响分析判断和结论。

解决这个问题的最佳途径是：尽可能地扩大信息来源，以弥补财务报表所提供信息的不足。目前，在财务分析中，使用的非会计信息越来越多，正是市场和分析者对财报的动态性要求越来越高的原因。

财务知识小贴士

什么叫现金：

在财务分析中，"现金"有四种概念，即库存现金、货币资金、货币资金+交易性金融资产以及货币资金+交易性金融资产+应收票据。由于应收票据可以贴现，可以背书转让，应收票据实际上就是"现金"。

摒弃机遇——如何分辨财务报表的质量

> 要想获得成功，仅仅尽力而为还不够，还必须全力以赴。成功偏爱那些全力以赴行动的人，财富属于那些竭尽全力的人。
>
> ——戴尔·卡耐基

2009年，一份《2008年10家涉嫌报表粉饰逃避追加对价公司排名表》在中国股市金融街引起不小的反响。由于2008年的金融海啸让不少上市公司措手不及，一部分上市公司无法兑现股改承诺，面临追加对价困境。

诚信者在2008年年报公布后，履行追加对价的股改承诺，但也有极个别上市公司出于种种原因，妄图通过报表粉饰手法逃避追加对价承诺。该报表作者列出10家涉嫌报表粉饰逃避追加对价公司，并提醒广大投资者：要擦亮双眼，分辨报表的质量。

表11-4是当年被列入名单的10家公司。

表11-4 2008年10家涉嫌报表粉饰逃避追加对价公司排名表

名次	名称	2008年业绩承诺	2008年实际业绩	追送股份
1	美锦能源	8000万元	8473万元	追加对价13935834股
2	宜华地产	8000万元	8201万元	追加对价3402万股
3	东方金钰	4235万元	4574万元	每10股送2股
4	中银绒业	3100万元	3558万元	每10股送1股
5	正和股份	ROE, 8%	ROE, 8.5%	每10股送1股
6	中江地产	19080万元	19352万元	追送760.5万股
7	上海辅仁	3300万元	3400万元	追加对价506万股
8	天保基建	11000万元	11467万元	追送2310万股
9	南京中商	复合增长17%	复合增长	每10股送股
10	东湖高新	增长率50%	增长率	每10股送股

需要说明的是，作为一种证券分析界的探讨，质疑之声跟股价并没有直接关系。因为一些个股被质疑之后，不但股价没有下跌，有些还一度成为黑马——这是由于社会的质疑促进了企业组合的速度，也是企业查漏补缺的一个机会。但是随着会计合理调账的手法越来越高明，人们对财报质量的质疑也日渐加强。

在会计准则允许的范围内，企业选择有利于自身的会计操作方法进行做账，借以最大限度地虚增获利，这种现象已经屡见不鲜。企业用于虚增获利的方法不胜枚举，其中不乏令人称奇的手段。但是，只要有操作，就会有迹可循。那些看似层出不穷的做账技巧，真正归纳起来，其实也只有三种类型而已。

会计操作基本技巧大致可分为三种类型，见图 11-5。

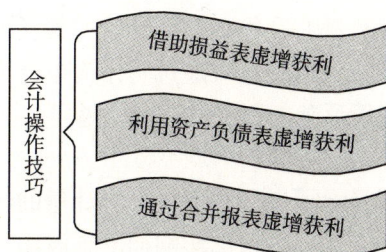

会计操作技巧
- 借助损益表虚增获利
- 利用资产负债表虚增获利
- 通过合并报表虚增获利

图 11-5　会计操作基本技巧

值得强调的是，上述三类技巧中并无"利用现金流量表进行会计操作"这一项。这是因为现金流量表上所显示的是资金运作流向，人为操控并不容易。虽然在损益表等财物报表上做动作，会导致现金流量表上的数字发生变化，但单对现金流量表进行修改，是无法进行会计操作的。

从分辨财务报表质量的角度考虑，阅读的重点还是现金流量表。上市公司在生产经营、投资或筹资活动过程中，其现金流量的大小，反映出其自身获得现金的能力。我国《企业财务会计报告条例》第十一条指出："现金流量是反映企业会计期间现金和现金等价物流入和流出的报表。现金流量应当按照经营活动、投资活动和筹资活动的现金流出类分项列出。"

可见，现金流量表对资产负债表和利润表，是一个有益的补充。关联交易操作利润时，往往也会在现金流量方面暴露有利润而没有现金流入的情况。所以，利用每股经营活动现金流量净额去分析公司的获利能力，比每股盈利更加客观。

近几年，随着年报公布企业数量的增多，有种现象被凸显出来：即有的上市公司在年度内变卖资产，也会出现现金流大幅增加的现象。单从财务报表所反映的信息来看，现金流量日益取代净利润，成为评价公司股票价值的一个重要标准。如果形象地把现金看作是企业日常生产经营运作的"血液"，那么现金流量表就像是一张上市公司的"验血报告单"。这张报告单的质量，其实也代表着企业的健康情况。

　　财报的质量还受其本身的局限性影响，即财务报表自身的局限性，也会对报表阅读者造成各种误导。

　　一、货币反映的局限性

　　财务报表提供的数据都必须能用货币计量，其反映的信息都是能用货币量化的，但企业的许多重要信息很难通过货币简单计量。如果难以计量的信息过多，财报对企业经营反映的程度的情况就越弱。

　　二、货币单位的非稳定性

　　财务报表仅仅只能显示可以用一般等价物计量的经济项目，但由于货币自身的价值会随着时间或其他因素的影响而上下波动，所以如果在金融危机或特殊经济时段，财报反映企业财务情况的能力也会减弱。

　　三、财务报表数据信息的有限性

　　企业的经济活动是复杂多样的。不可能事无轻重全部堆砌在财务报表中。在反映多样化的经济活动时，财报是通过归类、整理、汇总，将日常工作中数量繁多、分散的会计资料按统一的会计制度要求，规定的格式和编制方法系统地简化成一整套完整的指标体系。另外，财报编制者的概括、汇总能力，也是影响财报质量的一个因素。

☺ **财务知识小贴士**

注意关联交易做高现金流手法：

上市公司可以通过关联方做高销售收入，而且也是当时支付货款，到次年再通过向关联方购买商品，支付货款，如此可使此会计年度的净利润与经营性现金流量都获得增长。

候鸟的选择——企业经营景气

> 贱取如珠玉，贵出如粪土。
>
> ——范蠡

时下的辞职者们越来越潇洒，"裸辞"一词已成了职场的热门词汇。一份针对8000多人所做的《2010年秋季跳槽特别调查报告》显示，未动过跳槽念头的受访者不足1成，近6成人已完成跳槽或正有所行动。在这波"挪窝"高峰里，"裸辞"的现象非常普遍。

"裸辞"是指还没有找好下一个东家，便对自己的老板递交辞职信的举动。据调查，这样的"勇敢者"中，以女性居多。她们基本上都是职场的"白骨精"（白领、骨干、精英）或者准妈妈。

稍微有点职业规划意识的人都会知道，不论何种辞职都有辞职的成本。对大部分职场人而言，"裸辞"毕竟只是暂时逃避压力的方法，最终还是要回归职场。专家提示，裸辞不可怕，但是最好先做一些深入的思考。比如，明确自己的职业方向和职业规划。有了规划之后，可以好好地利用这段职业空白期，在调节身心的同时，深度思考自己长远的职业发展，做好再出发的准备。

学习过犹太人的财富观，就知道对犹太人来说，最大的财富就是时间。而中国人却被认为是浪费时间的典范。雅瑟·亨·史密斯在《中国人的性格》一书中指出，中国人漠视时间正表现在他们的勤劳之中，他们不停地劳作，实际上是在不停地浪费时间，他们一点也不担心做无用功或者返工。

从这个角度看，"裸辞"也许也反映了现代人时间观的提升。因为很多人"裸辞"后，都是利用这段时间休养生息、旅游、充电。不过，对于已选择"裸辞"的人，专家提醒也要注意重返职场的时间。通常而言，离职后3个月以内是重新就业的黄金时期，3个月后尚未找到工作，会产生明显的焦虑情绪。"裸辞"可以，"裸奔"就免了。

对于企业经营者来说，"裸辞"的盛行无疑会使用人成本提高，因为单凭薪水和职位已很难留住人才。企业管理研究者发现，和2000年前相比，2000年后的求职者更重视自己在企业中的长期发展，即短期的薪水已经不是唯一的考虑目标，理性的职场人更重视企业的长远发展。他们往往会关注这个企业整体的经营情况，以判断这个企业是否景气，甚至考虑这个行业是否有前景，再决定要不要入行。

评估企业经营景气与否的有关因素包括：

企业在本产业界的竞争态势如何？核心价值是什么？

企业投资人、金融机构、债权人、主管机关、员工、供货商是否有变化？变化是良性的吗？

企业与管理当局是否持续保持良好关系？

企业的治理架构和绩效考核系统，是否符合主管机关的要求及社会大众的期望？

企业的声誉和品牌价值如何？是如何采取措施来持续提升企业的公众信任的？

企业与竞争对手相比较，有何优势和劣势？机会和威胁在哪里？

……

> 从2004年起，我国便告别了廉价劳动力时代，2008年后，"用工荒"蔓延整个沿海城市。一边是金融危机，一边是劳动力成本急速上涨。不可否认，不少企业，特别是中小企业，都面临有史以来最焦头烂额的时代。
>
> 另外，随着社会家庭结构的细化，传统的乡土观念在人们心中，正一代代减弱，人们对土地的依赖越来越少，求职的人们全国飞。在城市之间，有人从北方来到南方，有人从南方赶往北方；在写字楼里，有人拿着简历充满几分期待前来应聘，也有人默默收拾着自己的东西离开。社会惊呼："职场候鸟"大群体时代已经来临。

其实，最坏的时代，往往也是最好的时代。这个时候，重新检视企业内部各项制度，以保守稳健及信息透明的心态，充分沟通相关利害关系，才是最佳的维稳策略。

比如，思考企业现行的营运模式是否具有弹性和灵活性？有无应对危机的详细计划？思考企业目前在产品、顾客及市场的投资，是否符合市场变动？哪些投资需要加速进行，哪些可以延缓或取消？

资诚会计事务所所长薛明玲指出：在变动中，只有能够精准掌握市场的未来演变、客户的需求改变与竞争者的动向的企业，才能做到主动出击，让企业不仅能严谨控制风险，更能在景气变动中，抓住契机，建构长期竞争力。

他建议："回归基本面"是检视一个企业经营景气与否的最佳做法。企业之经营不外乎"开源节流"。开源着重于市场及客户，而节流之关键在于现金管理。企业对现金流入和流出的管控，是企业管理工作效率的硬指标。从资金流入来说，经营景气的企业会持续地审视销货授信政策、强化收款、评估资产配置、实时处分闲置资产等；而资金流出的管理，包括采购管理、存货政策、付款控制等。

同时，企业在时局动荡和人员流动变大的时候，更要肯定人员的价值。因为候鸟总需要落脚点。即便捡尽寒枝，也总希望有枝可依。虽然人力资源管理跟财务管理是两个不同的管理范畴，但是对于企业来说，人才也就是人财，即企业最大的财富来源之一。永续经营的企业，在时局变动的时候会肯定人员的贡献，让优秀的人员有安全感，以避免人才流失。同时强化权责和绩效评估，建立同人的责任心及组织的竞争力。为下一波景气来临做好人才储备。

财务知识小贴士

树立财务风险的应变意识：

虽然宏观环境变化不受管理人员的控制，但是企业管理者应当制定相应的财务战略和风险调控机制，通过提高财务人员综合判断环境变化的能力，以充分研究应对环境变化的策略，将影响企业财务风险的各种环境因素降到最低水平。

众人皆醉我独醒——企业调整资产的可信度

> 越是简单化的管理，越能实现较高的效率，就越能体现创造和智慧。
>
> ——杰克·韦尔奇

先来看一道号称挑战权限的资产评估题：

甲公司是国有公司，持有乙公司70%的股权。

乙公司另外30%的股权归丁公司（非关联、民营企业）。

随着市场经济的发展，在当地政府的推动下，甲公司进行改制。相关部门对甲公司和乙公司的资产负债进行了审计、评估后，确定甲和乙两个公司总共的净资产为1000万元，并作价1000万元卖给10名自然人。这10名自然人用甲+乙的净资产1000万元出资成立丙公司。

实际上，这个丙公司其实就是原来的甲公司，只是更换了股东而已。资产负责人按照评估后的调整，注册资本500万元，资本公积500万元。但这个时候，乙企业还同时存在，还拥有自己原来的资产，并且正常经营。乙公司的大股东变更为丙公司，但是丁公司仍是乙公司股东。

在此次改制中，有几个问题：

政府在作价中，没有考虑到乙公司还有30%的股权归丁公司所有，政府单方作价出卖，没有考虑丁公司的利益，是否合法？

10名自然人购买甲+乙的净资产后，用甲+乙评估后的合并报表净资产1000万元出资，并通过了事务所验资，这种验资是否合法？

这个关于改制的问题有点绕，其实简单地说，就是虽然经过两轮评估，法律程序完善，但是丙公司的出资是否属实依然存在问题。笔者无意在此延续网络对此题的议论，只是借此提出一个事实：很多时候，我们看到的企业资产重组、资产合并等资产调整信息，其背后的真相，远远比展现在公众面前的多得多。

在我国股票上市公司建立早期，就有了披露资产评估结果及进行账项调整的规定。我们都知道，资金流动的过程就是财富分配的过程。资金流到哪里，财富也就流到哪里。专业审计师指出，评估增值率高与改制企业的负债比、净资产收益率有一定的关系，其最终结果可通过股价反映。

为了认清企业调整资产中的虚假资产，还是要勤练内功，研读资产负债表，认真体会财务资料讲述的事实真相。年检报告书和资产负债表的对应关系，可以帮助人们相对简便地了解企业资产情况。

表11-5　年报项目和资产负债表关系

年报项目	对应资产负债表项目
资产总额	实收资本数额
负债总额	负债合计数额
负债总额	所有者权益合计数额
实收资本数额	实收资本数额
年末资产总额	资产总计
年末负债总额	负债合计

财务管理的基本思想是平衡原则。基于"资产＝负债＋所有者权益"这个恒等式，投资人以其投资对公司承担责任，公司以其全部资产对外承担责任。总债务与总资产就可推算出企业的负债率。也就是说，企业的债务占总资产的比率的大小可反映出企业负债能力和债权人提供资金的安全程度，50%叫"可容度"，70%叫"风险度"。

众所周知，如果负债比高，同样的增值数额就会比低负债比有更大的变动比率；如果在同等负债比情况下的净资产收益率高，按收益现值法进行评估，其净资产也应高于数据低的企业。这些因素都不是孤立的。

比如，原来的债权人放弃债权，成为企业的所有者。企业的负债与所有者权益结构就发生变化，负债减少，所有者权益增加，从而掩盖了企业资不抵债的真相，并使原有的投资者和债权人的风险加大。

通过计算资产的质量指针，可以看出企业总资产中未来收益风险较大的部分所占的比例，当资产质量指数大于1并超出一定范围时，表明企业存在将费用支出资本化以操纵盈余的可能性。指标值越大，资产可信度就越低。

资产品质指针的计算公式为：

资产品质指针 = 资产总额 – 流动资产 – 固定资产净值资产总额

企业的不良资产既是上市企业产生虚盈实亏的一个祸根，又可能是该企业的一颗"定时炸弹"。通过利润表可以剔除企业的不良资产。

剔除不良资产的方法主要是：把不良资产的总额与净资产进行比较，看不良资产在净资产中所占的比重大小。如果所占比重很大，那么就说明该企业的持续经营能力会有麻烦。

另外一种方法是，把当年不良资产的增加额与当年利润总额的增加额进行比较。如果不良资产的增加额大于利润总额的增加额，那么该企业的利润表中就很可能有"水分"。

对其他企业的投资兼并、收购等行为也是来改变经济业务性质的手段之一。企业进行投资、兼并或收购等业务时，既可以使用货币资金，也可使用其他资产。如果用存货、固定资产等完成兼并或收购的，大多能以远高于账面净值的价值作为双方评估价，那么这部分差额会增加投资方的"资本公积"，从而增加该企业的所有者权益。这种做法，在其他条件不变的情况下，明显改善了投资方的资本结构。

财务知识小贴士

资本公积：

资本公积是指由股东投入但不能构成"股本"或"实收资本"的资金部分，主要包括股本溢价、接受捐赠实物资产、投入资本汇兑损益、法定财产重估增值以及投资准备金等。

资本公积与盈余公积最大的区别在于：前者为股东投入资本，而后者属于企业留存收益。

第十二章　金融危机还会回来吗

——风险就是风险

薄衣闯冰山——失控的交易所

> 绝对不做那种妄冒风险的人，也不做一味规避风险的人，努力做熟知如何管理风险的人。
>
> ——作者

江苏琼花是深圳中小企业板的"新八股"之一，但是开盘不到半个月，便遭到深交所谴责，股价也应声跌停。时间距离中小企业板开板不过半个月。琼花初放，即成"明日黄花"。令无数人扼腕叹息。

当时，江苏琼花 2004 年 6 月 18 日招股，6 月 25 日挂牌。作为荣登中小板块的幸运儿，江苏琼花在深交所上市时可谓光芒四射，开盘当天最高价飙到 21.85 元，而到了 7 月 12 日股价跌停。这意味着这朵流通盘只有 3000 万元的小花根本就没有给二级市场带来一点机会，反而引起中小板块所有股票也普遍下跌。

引起深交所谴责的原因是：江苏琼花早在 2002 年 7 月和 2003 年 4 月曾分别将 1500 万元和 1000 万元资金委托德恒证券和恒信证券理财，而德恒和恒信是已经崩盘的德隆系的控股券商，委托理财面临无法收回的局面。直到 6 月 17 日，也就是招股前一日，江苏琼花才将这两笔委托理财权益转交扬州德龙化工有限公司。这些内容，江苏琼花在招股说明表中只字未提，事实上构成了对投资者的欺诈。发行琼花国债风波发生后，琼花董事会道歉检讨，配合监管机构的检查，并及时采取整改措施。大股东琼花集团迅速筹集资金，承担国债投资的所有损失。

立案调查后，证监会开出了保荐人制度实施后的首张罚单。

无数对中小企业的调查资料说明：企业越小，风险越大。美国绝大多数的中小企业寿命不会超过 5 年，而我国最新官方公开的数据是中小企业平均寿命 2.9 年。

中小企业贷款难也一直是个问题。银行之所以不愿意向中小企业放贷，问题就在于中小企业的经营风险大。中小企业板则负有解决中小企业融资难的使命。但是，创业板是风险板，中小企业板也是风险板，不但有经营上的风险，而且还有道德上的风险。江苏琼花凸显的就是整个市场的道德风险。

江苏琼花事件对中国股市而言更是雪上加霜。2004 年 7 月 12 日，上证指数暴跌 33.51 点，再次跌破 1400 点报收 1397 点，跌停的除了江苏琼花之外，其他 10 家都是所谓的创投概念，中小企业板的个股都名列跌幅前茅，沪深两市好不容易形成的反弹夭折，冷峻的事实证明，所谓的中小企业成为拖动大盘价值中枢下移的罪魁祸首。

公司内部管理对财务总监的过度授权，是琼花事件的第一颗地雷。德恒和恒信承诺的年回报率变成 9.5%、9%，这么高的收益率居然没有人质疑会不会是诱饵？财务总监在没有向董事会汇报的情况下，就做主拍板，体现的是琼花内部治理结构尚不健全。

敏感的投资业务，让高学历的专业人士来执掌，技术层面是必要的。但就像没有监督的权力会导致腐败一样，董事会的过分授权和过度信赖，如果没有健全的内控和制衡机制，一个微小的差错就会给企业酿成灾难。

在对江苏琼花的调查中发现，琼花与券商、德隆所签的各项协议中，对方连个基本的签字、电话、法人代表名字都没有，只是一个图章，反倒是琼花填得一应俱全。业内人士认为，监管部门对问题庄股的财务监控缺失是一个回避不了的问题。琼花事件不仅暴露出中小企业在公司治理结构、内控制度上的薄弱，也凸显出当前证券市场发行机制、交易监管制度的缺陷。

中国人民大学金融与证券研究所所长吴晓求说："我国证券发行上市保荐制度的出台，重点是明确保荐机构和保荐代表人的责任，把好资本市场准入关，防范弄虚作假欺骗投资者。现在保荐人及保荐机构存在着一种通病，他们拿着高额的保荐费，有些该核查的却成了走过场。"

上市公司的各种信息对投资者的投资决策影响重大，及时有效地披露信息，投资者在进行投资决策时可以根据自身的风险偏好有效地回避投资风险。实际上很多投资者在琼花的网上路演时就看到了国债投资问题的严重性，并一再向公司有关人员询问。对融资双方而言，这本来是一件好事。证监会推出网上路演的目的，也是建立投资者与新股发行公司的直接沟通管道。但由于网上路演不属于公开信息监管场所，有问题不承担法律责任。证券法的相关条文规定中，也没有将网上路演包括在监管范围之内。致使网上路演很大程度上成为"走过场"和"过家家"。

天下没有免费的午餐，高利率背后必然隐藏着高风险。我国中小型上市企业对金融市场的系统风险识别和控制能力薄弱，迫切需要管理层及时而必要的风险警示，以减少出现"失控的交易所"的概率。

☺ **财务知识小贴士**

合理安排财务结构的好处：

企业片面追求财务杠杆效应而增加负债筹资是不科学的。在现实中，企业应当通过各种财务指标分析，确定负债融资与权益融资的最佳比例，达到资本结构最优，并实现财务杠杆效应的最大化。

在行业经济持续发展阶段，企业可以增加债务促进生产，实现利润最大化目标。

坐立不安——低迷的交易现状

> 企业家的环境就像孵小鸡一样，温度太高也不太适合，太冷了也不行。
>
> ——柳传志

后危机时代美国经济表现如何一直为全世界瞩目。2010年7月的《华尔街日报》表示，由于被股票搞得心神不宁的投资者大举进入债市避险，美国国债收益率大幅下跌至金融危机时期的最低水平。

美国经济如此表现，引发全球股市低迷。如果国债本身也将步入一个熊市，又该如何？不少专家在观察和研究：美国经济是否会引发金融危机的第二次探底。

专业分析人士指出，由美国次贷危机引发的全球经济衰退引发的高科技业特别是消费电子产业的增长放缓，其重大影响来自全球购买力的衰退，惠普、微软、IBM、戴尔、康宁等相继加入大量回购股票的行列。戴尔还启动了史上100亿美元最大回购计划。

虽然国际IT巨头纷纷执行股票回购计划，但股价仍然不断下滑。全世界经济系统是个整体，从这个整体来看都处于一个低迷的阶段。事实上，上市公司必须要面临的一个问题是，在执行了高额股份回购计划之后，股价仍然低迷怎么办？

兰馨亚洲投资总监杨瑞荣却表示，市场低迷有利于风险投资。因为在当下这个市场十分动荡的时期，很多公司都出现了问题，企业正是到了"分水岭"时期。如果公司本身不好，便会在这样一个受宏观调控、市场低迷以及经济前景不明朗的关键时期将自身的问题暴露出来。而真正好的企业，就会在这样一个大经济环境动荡的局势下"挺下来"。

正如我们都知道的一个道理，鹰到中年的时候，爪子就开始退化。它必须主动撞击岩石，直到鲜血淋漓、旧壳蜕掉，新爪才能长出来。市场低迷也是一次市场洗牌的过程，现状不可怕，怕的是不能随着形势的变化而变化。无须坐立不安，只要能因势而变，择机而动，肯定能在变中求胜。

> 根据《财富》杂志调查统计，在1995~2004年，美国上市公司500强榜单中，有超过1/3的公司破产或者被并购，超过1/3的公司进行了核心业务转型或彻底改变其业务性质，只有不足1/3的公司能够以原有的业务模式生存下来。这说明：当经济走势一旦发生不可逆转的趋势，及时转变经营策略，不仅能有效规避风险，而且还能实现业务的扩大和财富的增强。

一位有成就的商人说：灵活变通是最好的生意经。商业环境也像气候变化，总有冷热寒暑，有温暖的春天也有残酷的寒冬。当一个企业或行业碰到困境时，不应怨天尤人，更无须左右为难、坐以待毙。不妨从"三个转变"入手，做好变通工作求发展。这三个转变就是"及时转型"、"金蝉脱壳"和"临机处置"。

一、及时转型

在企业经营的过程中，因为力量有限，不可抗因素总会出现。但也不是无可作为。事物变化是有规律的，在发生质变前，总有一些蛛丝马迹可寻，关键是适应变化。变就像从小路转向大路，此路不通就绕行。商场变化无穷，不可能有永远通用的经营之道，越是低迷的大环境，就越是改进的机会，危机也就是契机。

二、金蝉脱壳

人都是有惰性的，一个企业或一个组织也是如此。当习惯于某种状态之后，改变总会产生痛苦。所以，人会本能地用一种拒绝的态度来对待改变。可是，一旦拒绝成为习惯，企业就会陷入故步自封的境地。世上没有完全无风险的事，也没有绝对的安全。成功需要的是把握机遇，而机遇是平等地铺展在人们面前的一条通道。

三、临机处置

李嘉诚做生意，一向很有临机的警报意识。他说："一向以来，我做生意处理事情都是如此，例如天文台说天气很好，但我常常问自己，如果5分钟后宣布十号台风警报，我会怎样。在香港做生意，也要保持这种心理准备。"兵家没有万古不变的胜战之法，商家也是如此。没有警报意识，在应对变故时难免会手忙脚乱，还很可能失去最好的时机。

最后，还应注意，任何变化都需要成本，所有决策都需要付出代价，一切选择皆有可能。所以，投资决策者应该在变化中尽量避免损失，要有"两害相权取其轻、两利相权取其重"的能力，明确财务方向、致富目标，以获得最大收益。

财务知识小贴士

提高财务决策水平的方法：

为更好地防范财务风险，企业在进行决策的过程中，应当充分考虑影响决策的各种因素，运用经济模型进行科学决策，坚决杜绝主观决策所产生的财务风险。

企业应大力提倡财务电算化，根据模型分析，选择风险较小而收益较大的财务决策方案来规避风险。

坐收渔翁之利——明了买盘风险

> 风险会在你毫不知情的情况下，以你无从预见的方式出现。
>
> ——巴菲特

每次市场大跌，就会有许多投资者开始热议"抄底"，而且这似乎总是大部分投资者孜孜以求的美事。可惜的是，但凡"大底"真正出现的时候，却极少有人能真正猜中并热烈拥抱它。相反，很多在股市中先人一步成功"逃顶"的高手，却往往在果断抄底的时候一败涂地，有的人还因此付出生命的代价。

其实许多投资者之所以热衷于"抄底"，是由于他们头脑中存在一个想当然的逻辑，即认为只要能在底部买、顶部卖就可以获得最佳绩效。而事实上，依靠投资而荣登世界首富的巴菲特，却是一个从不喜欢刻意"猜底"和"抄底"的人。而且统计数据显示，巴菲特所投资的股票有高达90%以上都是刚买入就遭遇被套，即便是被世人公认最成功的对可口可乐公司的投资，巴菲特当初在买入后不久也被套牢了30%。

巴菲特有一句名言："模糊的正确远胜于精确的错误。"当刻意市场寻底者在讥笑他"买高了"或"被套了"时，坚持长期持有的巴菲特总是能够用时间证明自己模糊的正确强于那些精确地算计"大底"究竟在多少点的"精明人"。

究其根源，巴菲特具有解读和把握市场长期趋势的能力。这种能力让他那些看起来被套的"愚蠢"投资策略，其实很少有风险。巴菲特的了不起，不在于他是一个赚了数百亿美元的超级大富豪，而是因为他有一个从来都没有赔过本的投资原则。

巴菲特不抄底带给人们的启示是：长期投资者完全没有必要在抄底问题

上投入过多的时间精力，只要能控制好自己的心理情绪，追求模糊的正确而拒绝精确的错误，依靠长期持有必能赢得胜利。成功的股票投资如此，企业经营亦然。

松下幸之助有个著名的"水库理论"，他认为，企业的资金犹如一座水库，放水至多只能放 2/3，必须要有 1/3 的库存。因为企业经营总有好有坏的时候，水库的作用是在下雨的时候可以蓄水，在干旱的时候可以放水灌溉。而且放水后，立刻要补充至少 1/3 以上的水，才能保证水库不被干涸。其中，1/3 的库存一般是不能动的。只有在 2/3 的放水不足用时，才能偶尔动用。但绝对应限制在急需，且放了后应立即补足。

"水库理论"与中国古老的生存哲学"居安思危，思则有备，有备无患"有异曲同工之妙。很多企业衰败，其实就是频繁运用库存，动用了又不及时补足，甚至长期在没有库存的情况下运营的结果。资金和技术只是一个方面，它更重要的意义在于一种企业经营理念和心态。

企业的生命周期理论告诉我们，每一个企业都有自己的发展周期。这个发展周期除了受外部的商业环境和行业环境变化的影响之外，还受企业自身因素影响。由于生产成本上升、全球市场总体需求下降，企业应该调整自己的发展目标，降低预期，将生存放到与发展同等重要甚至更为重要的地位。中国的企业要敢于面对和接受风险，做好风险评估，做好充分的冒险准备。风险，对于有准备的企业和没有准备的企业来说，后果是完全不同的。

巴菲特说："要切实了解自己的投资对象。你越了解它，你就越不惧怕它所携带的潜在风险。潜在风险使你不敢拿出大手笔来投资。但倘若你确实了解风险的实质，一边管理风险一边投资，也不会有大危险。"

收集有用、有利的信息，是进入险境之前和之中的必要准备。因为，环境或局势的每一处细微变动，都是造成冒险结果的决定因素。细节永远决定成败。建立相应的风险预案和预警机制，并及时发现问题，处理问题，是有效降低风险的必备措施。

现实生活中，很多企业或个人在投资的险点失败，不全是因为风险本身，而在于对待险点的心态。很多看似灭顶之灾的劫难，其实并不可怕，因此，了解风险，熟知风险，才是稳坐钓鱼台之道。

☺ 财务知识小贴士

解决投资风险的主要措施：

一般来说，投资期越长，风险就越大。因此企业应该尽量选择短期投资。在进行证券投资的时候，应该尽可能采取分散投资的策略，选择若干种股票组成投资组合，通过组合中风险的相互抵消来降低风险。

财富密码——识破粉饰财报

> 生活中许多看似平凡的东西，只要发现并恰当地运用它，就会创造非凡，给人惊喜。
>
> ——作者

2010 年初，一直在关注一季度业绩预增股的投资者都发现："首季业绩大幅增长的长航油运却没有像其他业绩预增的公司那样股价上涨。"根据数据显示，长航油运一季度净利润约 8144.7 万元，同比增长 66.9%。但是一季报公布的当天，公司股价不涨反跌，而且一季报显示华夏基金一季度仍在继续减持长航油运。相比之下，其他一季度预增的公司大多都受到了投资者的追捧，股价出现明显上涨。

2 月 9 日长航油运公布的一则《关于会计估计变更的公告》可以解释这个困惑。该公告称："随着公司规模的扩大及经营业务的发展、国家新企业所得税法的实施，为了更加客观公正地反映公司的财务状况和经营成果，公司依照会计准则等相关会计及税务法规的规定，对固定资产的分类、预计使用年限及残值率予以调整。主要延长了房屋及建筑物以及运输船舶的使用年限。"

该项会计变更后的结果，就是长航油运一季度的折旧费用减少了 2.34 亿元的 1/4，新增的利润约为 5850 万元，占利润总额的比重超过五成。也就是说，这项会计估计变更，使长航油运的业绩贡献增长了 50%。

专业分析人士指出，越来越多的上市公司开始采用新会计准则。随着原有的会计计量方式的变更，类似于长航油运的情况将越来越多。除非上市公司对以前年度财务数据进行追溯调整。否则会计政策变更的当年与上一年之间的数据不再具有可比性。

其实，更改会计政策只是粉饰财报的常用手法之一，其他常见手法如表12-1所示。

表 12-1 其他粉饰财报的手法

财报粉饰手法	具体做法
分合报表	利用分销渠道转移，将子公司货物以虚增收入，再借用其他股东的股权变动为理由分合报表
关联交易调节利润	采取虚构经营业务、用高于或低于市场价格的方式进行购销活动、利用低息或高息发生资金往来调节财务费用等手法获得利润
回避计提	依据股权转让意向，回避计提长期股权投资减值准备，确保盈利
掩盖差额	先买资产再作为股权投资，差额计入长期股权投资差额，掩盖资产被侵吞事实
内外腾挪	合并难以查证的海外子公司利润，避免亏损，规避缴税
偷换财务概念	以"重大会计差错"取代"会计估计变更"，调节盈亏
滥用会计政策	变更投资收益核算方法，以达到操纵利润的目的
非公允计提	提坏账准备等资产减值准备，主要依据是主观的判断，八项计提也因此成为"上市公司内部调账的最好手段"
放弃债权	放弃债权的情况主要可能出现在上市公司管理层非正常性新旧交替或管理层为大股东控制的时期

上市公司粉饰财报的最终目的是虚构利润，因此，投资者在阅读财务报告的时候，除了重点关注财务报表中利润数据的变化外，还应该对这些数字背后的会计政策变更等因素加以关注。只有这样才能更准确了解上市公司基本面的变化情况。

既然企业有充分的空间来操纵利润，因此，对于会计报表的使用者来说，识别粉饰的财报，就成了阅读财报的一项必修课。对财报的阅读不能仅限于单一的财务指标。比如对于利润，不仅要看利润表的数据，而且要看利润的计算过程；不仅要看利润的数量，而且要看利润的质量。

表 12-2 识破粉饰报表的方法及其内容

识破粉饰财报的方法	具体内容
分析收入与利润的关系	以主业利润除以主业收入，可得出企业的主业利润率。主业利润率较高的，说明企业的主业有较高创利能力
分析财务指标	以流动资产数除以流动负债数得出流动比率，从流动资产减去存货后除以流动负债得出速动比率，据此可以分析企业短期的偿债能力与变现能力

续表

识破粉饰财报的方法	具体内容
强化对信息时间的研究	扩大信息观察的时间范围，能缩小利润操纵的应用空间。在较长时间内，有些利润操纵手段将失去效果
计算调整后的每股净资产	此计算将可能存在的潜在损失全部视为损失，从股东权益中扣除后，得到基本反映公司实际状况的净资产额，以判断公司经营业绩的虚实
结合现金流量表分析	如果利润逐年大幅度波动，但现金及现金等价物净增加额却为负，可以判断其中大部分利润非真正的主营业务收入增加而带来公司业绩的成长
阅读审计报告	附带说明段的非标准的无保留意见审计报告，往往说明段中所涉及的一些问题，即管理当局进行报表粉饰的体现

　　对于非经常性损益严重影响利润的上市公司报表，报表使用者可以通过报表披露的"非经常性损益组成部分明细表"，结合"现金流量表"补充资料中的"处置固定资产、无形资产和其他长期资产的损失，固定资产报废损失，财务费用，递延税款等项目加计数"测算出上市公司报表利润的非经常性损益，从而看出会计政策或会计估计变更对利润的影响数。

😊 财务知识小贴士

粉饰财报的手段可归纳为以下三种模式：

　　一是大清洗。以利润巨额冲销为目的，一般是为了回避责任。比如企业更换主要经营者时，将坏账或一次性资产处理为损失。

　　二是利润最小化或最大化。利润最小化是为回避亏损事实，减少纳税；利润最大化是"打肿脸充胖子"，虚报经济利益。

　　三是利润均衡化。为维护外部形象、获取资信等级、打好筹资基础。比如利用账户调节利润，设计利润增长的"海市蜃楼"。

拭目以待——透视疲弱财报

企业繁荣之中孕育着毁灭自身的种子，你越是成功，垂涎三尺的人就越多。作为一名管理者，最重要的职责就是常常提防他人的袭击，并把这种防范意识传播给手下的工作人员。

——英特尔前 CEO 格鲁夫

2010 年一季度，完美时空、畅游、网易、盛大等网游上市公司的财报数字不约而同出现增长放缓、利润率下滑的情况，网易、完美时空和畅游的股价分别下跌 23%、35% 和 18%。5 月底，完美时空闪电裁员 2000 多人，裁员比例超过 80%。而就在不久前，完美时空渠道推广部还在大规模扩编，此后还得到给予 20 万元奖励业绩突出员工的许诺。

完美时空发布公告称："公司近期正在进行渠道体系优化，旨在合理调配资源、实现系统后台管理，更好地为玩家服务。目前公司所属渠道推广员遍布全国 240 多个城市，个别城市人员调整属正常范畴。"

有观点称，网游行业已经步入了新一轮调整期，完美时空赶在 5 月底前大规模裁员，或许是为了粉饰其业绩。易观国际网游分析师玉轶认为，完美时空的裁员主要是由于《梦幻诛仙》推广期的扩充与游戏更新不利的矛盾，以及后续新品需要较长时间上市的成本考虑。

艾瑞咨询分析师赵绪凤说："完美时空前期高速扩张，对人员有很多的需求，发展到一定程度以后，就会面临低端推广人员数量过多的问题。而且裁员的不止完美一家，很多游戏公司都有过大规模裁减推广人员的先例，这是行业发展的必经阶段。"

不可否认，在经济大势尚未全面回稳的情况下，企业财报疲软不是意外的事。2010 年中报，业绩疲弱的财报比比皆是。美国上市公司公布的业绩报告良莠不齐，增加了投资者对于经济前景的担忧情绪，而高息货币则遭到抛售。略举几例，见表 12-3。

表 12-3　美国三家公司 2010 年中期财务报表

单位：亿美元

	第二季度净利润	实际营收	预测营收
通用电气（GE）	26.7	390.8	420.91
美国银行（BOA）	32.0	331.0	332.61
美国花旗集团（CITIGROUP）	43.0	300.0	211.37

这些重量级企业季度利润均有所下降，进一步加重了市场的担忧情绪。高盛的经营也很平凡。虽说 2010 年第二季，华尔街的每家企业都经营得艰难，但是高盛几乎所有投行和交易业务的营收降幅比大多数竞争对手都要大——这不禁令华尔街传言 SEC 对高盛的欺诈指控让客户夺门而逃，虽然业绩还没有疲弱到足以证明这一点的地步。

分析师们指出，疲弱财报表现出市场的基本基调中依旧蔓延着避险情绪。由于欧债危机的担忧，当市场遭遇较大系统风险，给多数人造成较大财产损失，致使投资者为了回避意外风险而纷纷逃离市场。不过同时他们也指出，企业季度财报并没有那么闪耀，恰恰也是说明市场成熟的表现之一。因为经过金融危机的洗礼，投资者和市场都日渐成熟。全球经济复苏指日可待。

☺　**财务知识小贴士**

现金流量的质量分析：

所谓现金流量的质量，是指企业的现金流量能够按照企业的预期目标进行运转的质量。具有较好质量的现金流量应当具有如下特征：

第一，企业现金流量的状态体现了企业的发展战略的要求；

第二，在稳定发展阶段，企业经营活动的现金流量应当与企业经营活动所对应的利润有一定的对应关系，并能为企业的扩张提供现金流量的支持。

万无一失的秘诀——防范外表隐蔽的风险

> 在动荡的局势中，我们必须像行军打仗一样。成功的投资者莫不是能征惯战的老将，既要懂得制定作战方针、行军策略，又要晓得调兵遣将，攻守有据，才能取得胜利。有勇无谋，战死沙场；有谋无勇，则寸步难行。
>
> ——曹仁超

创办于 1996 年的合俊集团，是国内规模较为大型的 OEM 型玩具生产商，并于 2006 年 9 月成功在香港联交所上市。世界五大玩具品牌中的三个：美泰、孩子宝以及 Spin Master，都以合俊为制造商。但到了 2008 年 10 月，这家在玩具界举足轻重的大型公司的工厂没能躲过这次全球性金融海啸，成为中国企业实体受金融危机影响出现倒闭第一案。

表面上看，合俊集团是被金融风暴吹倒的，但是只要关注一下最近两年合俊集团的发展动态就会发现，金融危机只是压倒合俊集团的最后一根稻草。

其实，合俊集团本身的结构模式就存在巨大的风险。作为一个贴牌的生产企业，合俊集团对欧美订单的依赖性非常大。这也使得合俊集团成了美国的次贷危机发展成金融危机后，首先受到影响的企业之一。

为了缓解压力，维持公司的日常运营，合俊集团卖掉了清远的工厂和一块地皮，并且定向增发 2500 万港元。可是，"2500 万港元顶多维持两个月的工资"。于是合俊集团开始向银行贷款，由于对自身的负债能力预计过高，导致债务风险巨大。加上 2008 年最低工资上调 12% 及人民币升值 7% 等大环境的影响，最终把合俊集团推上了资金链断裂的不归路。

截至 2008 年 6 月底，合俊集团总资产 8.35 亿元，总负债 5.32 亿元，其中流动负债 5.3 亿元，净负债比率 71.8%。

据了解合俊集团内部管理的知情人反映，合俊集团内部管理的失控才是合俊集团倒闭的真正原因，而美国的金融危机只是让这一天提前到来。公司财务管理极其混乱，物品经常被盗，原料当废品卖。而且生产上也没有质量监控，返工甚至报废的情况经常发生。"一批货不返个几次工是出不了货的，有一批货来回返了不下十次。厂里的QC除了吃饭睡觉拿工资就没有看到他们干过什么。"一个员工说。

企业财务风险是指企业在整个财务活动过程中，由于各种不确定因素导致企业蒙受损失的可能。因此，企业的财务风险是一种信号，通过分析财务风险，能够综合反映企业的经营状况。财务风险不以人的意志为转移，人们无法回避它，也无法消除它，只能通过各种技术手段来应对风险，进而避免风险。

因此企业经营者要树立风险意识，建立有效的风险防范处理机制，建立预警分析指标体系，进行适当的财务风险决策。企业的财务风险贯穿于生产经营的整个过程中，可将其划分为四类风险，见表12-4。

表12-4 企业财务风险划分

企业财务风险	形成原因	控制方法
筹资风险	由于利率波动而导致企业筹资成本加大的风险，或筹资了高于平均利息水平的资金，此外，还有资金组织和调度风险、经营风险、外汇风险	严格控制负债经营规模
投资风险	投资项目并不都能产生预期收益，从而引起企业盈利能力和偿债能力降低的不确定性	在决策中要追求一种收益性、风险性、稳健性的最佳组合
资金回收风险	应收账款加速现金流出。它虽然使企业产生利润，但并未使企业的现金增加	建立稳定的信用政策、确定客户的资信等级、确定合理的应收账款比例并建立销售责任制
收益分配风险	如果利润率很高，而股息分配低于相当水平，则形成企业收益分配上的风险	注意两者之间的平衡，加强财务风险监测

为防范企业财务风险，必须加强资产管理，提高营运能力。资产负债表是企业资产对负债能力的影响的明确表现。从资产负债分析，主要有三种类型：

（1）固定资产由自有资本筹集，流动资产由流动负债筹集，这是正常的资本结构型，财务风险很小；

（2）企业一部分自有资本被亏损，资产负债表中累计结余是赤字，说明企业出现财务危机，必须引起警惕；

（3）自有资本全部亏损，另有负债，这种情况属于资不抵债，属于高度风险，必须采取强制措施。

企业流动资产的变现能力，直接决定企业负债能力的高低。因此，加强企业资产管理、防止不良资产产生、提高资产的变现能力是防范财务风险重要的管理手段。

不论金融危机是否会再次席卷全球，企业都应通过合理配置资产，加速资金周转等措施，促进企业盈利能力的提升。因为较高盈利能力的企业往往享有较高的信誉和良好的企业形象，这也使企业有较强的融资能力，相应地使企业也有较强的抵御财务风险的能力。

风险并不可怕，如何预知风险并且规避风险，才是企业长治久安的立身根本！

☺ **财务知识小贴士**

上市公司财务风险主要表现有：

一、由于负债经营以定期付息、到期还本为前提，如果公司用负债进行的投资不能按期收回并取得预期收益，公司将面临无力偿还债务的风险。

二、公司在负债期间，由于通货膨胀等的影响，贷款利率发生增长变化，利率的增长必然增加公司的资金成本，从而抵减了预期收益。

三、由于负债经营使公司负债比率加大，相应地对债权人的债权保证程度降低，这在很大程度上限制了公司从其他渠道增加负债筹资的能力。